CLAVES DEL ESPAÑOL

Gramática práctica

Pablo Domínguez
Plácido Bazo

G... RA

GRAMÁTICA DEL ESPAÑOL LENGUA EXTRANJERA

CLAVES DEL ESPAÑOL
Gramática práctica

PABLO DOMÍNGUEZ
Catedrático de la Universidad de La Laguna
PLÁCIDO BAZO
Profesor titular de la Universidad de La Laguna

PRINTED IN SPAIN
Impreso en España por
Gráfica Internacional, S.A.
San Dalmacio, 25.- 28021 Madrid.
ISBN: 84-294-3496-8
Depósito Legal: M-26.213-1994

SUMARIO

PRESENTACIÓN

Como ya indica el título, no es ésta una gramática al estilo usual, en la que encuentre el lector una descripción pormenorizada y exhaustiva de cada uno de los distintos hechos gramaticales que conforman nuestra lengua; al contrario, se trata de un manual *dirigido al estudiante extranjero de español, de nivel medio,* que busca soluciones prácticas –aunque no por ello exentas del debido rigor– a los problemas específicos que se le presentan si quiere *usar* esta lengua de un modo adecuado. Con un lenguaje sencillo, sin demasiados tecnicismos, y siguiendo los postulados de las actuales corrientes metodológicas en el campo de la enseñanza de lenguas extranjeras, hemos procurado combinar la teoría con la práctica y hemos intentado elaborar un manual que fuese instructivo a la par que ágil y ameno.

Cada unidad consta de cinco secciones principales: **LEE, ESTUDIA, PRACTICA, RECUERDA** y **COMPRUEBA**. En la primera, el alumno se encuentra con una muestra de español en la que abundan ejemplos del tema tratado. **ESTUDIA** afronta la cuestión gramatical desde dos vertientes fundamentales: la explicación de las formas, y la de sus funciones y usos. **PRACTICA** se subdivide en dos apartados: **Explotación**, que contiene ejercicios manipulativos, en los que el contexto comunicativo carece de importancia, y **Tarea**, con ejercicios para utilizar la lengua en situaciones reales, que obligan al estudiante a fijarse en el papel que juega la gramática en la comunicación. Una vez realizada la práctica, tiene una nueva ocasión de repasar el tema con el resumen que aparece en **RECUERDA**, y una nueva posibilidad con **COMPRUEBA**, que lo remite al texto inicial con el fin de reforzar lo explicado.

Hemos partido de la conveniencia de que el estudiante reflexione sobre la gramática como parte fundamental de su aprendizaje del español, el cual será sin duda más eficaz si tras la interiorización de los conceptos gramaticales estudiados se somete aquél a una práctica que va desde el ejercicio controlado y mecánico hasta el uso espontáneo y creativo de la lengua. Debemos advertir sin embargo que, teniendo en cuenta las diversas teorías y estilos de aprendizaje, siempre habría la posibilidad de abordar el uso del manual empezando por cualquiera de las cuatro primeras secciones.

Estimamos que el libro será útil tanto para el trabajo suplementario durante el curso, como en clases de recuperación. Ofrece además un apéndice con la conjugación de verbos modelo, regulares e irregulares, y un solucionario de los ejercicios propuestos, que darán al usuario la suficiente autonomía para poder abordar por su cuenta el estudio de los aspectos esenciales de la gramática española.

LOS AUTORES

Unidad 1
LA ORACIÓN Y SUS PARTES

LEE

Fíjate en lo que está destacado en el texto.

Si ***la patria del hombre es su lengua,*** *¿cómo es nuestra patria? En primer lugar es* ***ancha y variada. Atravesamos océanos, superamos cordilleras, sobrevolamos continentes y no cruzamos la frontera de esa patria.*** *En noviembre de 1971,* ***un conocido político caribeño,*** *durante su visita a Chile,* ***explicaba*** *así* ***su viaje*** *al pueblo de Concepción, en un discurso improvisado: «****El avión voló hacia el Sur, recorrió casi 8.000 kilómetros*** *y* ***la gente seguía hablando español.*** *Después de eso hicimos no sé cuántos kilómetros, de Santiago a Concepción, 500, 600, 700, y se seguía hablando español. Cuando luego continuemos hacia el Sur, hasta allá, hasta Punta Arenas, se seguirá hablando español. Se puede caminar 10.000 kilómetros hacia el Sur y hablar el mismo idioma y entendernos, tener la misma sensibilidad, los mismos sentimientos....»*

GREGORIO SALVADOR
Lengua española y lenguas de España. 1987 (Adaptación)

ESTUDIA

Se llama **oración** al conjunto de palabras que tiene un significado unitario e independiente y que cumple una función comunicativa. En la lengua hablada, la oración está limitada por pausas, con una particular curva melódica (entonación) en su parte final. En la lengua escrita, el límite de la oración se señala generalmente con un punto:

- *Madrid es la capital de España.*
- *Noviembre tiene treinta días.*
- *Cuando termine mis estudios trabajaré en una empresa.*
- *Un amigo mío toca el violín de maravilla.*
- *Si tienes frío por la noche, ponte el abrigo.*

Las palabras que componen la oración (partes de la oración) pertenecen a alguna de las siguientes categorías: nombre, artículo, pronombre, adjetivo, verbo, adverbio, preposición y conjunción. Cada una de ellas desempeña una o varias funciones específicas: sujeto, predicado, actualizador, complemento, nexo o enlace, etc. Las dos primeras son los constituyentes básicos de la oración. En la oración *Madrid es la capital de España, Madrid* es el **sujeto**; *es la capital de España*, el **predicado**.

A FORMA

Las oraciones pueden ser **simples** o **compuestas.** Las simples constan de un sujeto y un predicado; las compuestas, de dos o más oraciones simples (= oraciones **coordinadas**), o bien de una proposición principal y de una o más proposiciones subordinadas que completan el significado de la principal. En este caso también se las llama oraciones **complejas**.

A su vez, las coordinadas y las subordinadas pueden ser **yuxtapuestas**, si no van unidas por algún nexo (*y*, *o*, *ni*, *que*, etc.):

- *La vida **está** cara.* (Simple)
- *La vida **está** cara **y** los sueldos **son** muy bajos.* (Coordinadas)
- *Lo **encontré** <u>**donde menos lo esperaba**</u>.* (Compleja)
- *Me **harás** un gran favor <u>**si conduces tú el coche**</u>.* (Compleja)
- ***Sigue** recto hasta el final de la calle, **tuerce** a la derecha, **continúa** caminando unos cincuenta metros, **tuerce** después a la izquierda y enfrente **está** la catedral.* (Coordinadas yuxtapuestas)
- ***Puedo** esperar; <u>**no tengo**</u> **prisa**.* (Subordinadas yuxtapuestas)

B LA ORACIÓN SIMPLE: CARACTERÍSTICAS

1. Observa que el orden de las palabras es importante. Las combinaciones siguientes no son oraciones porque no comunican nada:

- **Termine trabajaré mis estudios cuando en una empresa.* (*)
- **Mío de toca maravilla amigo violín el un.*

2. La presencia de un verbo en forma personal es fundamental para que exista la oración. Ejemplos como los que siguen no constituyen oraciones, a no ser que se trate de respuestas en las que el verbo va elíptico:

- **Comer pescado fresco.*
- **Todos los días.*
- **Poco antes de las doce.*

Pero • *Comer pescado fresco.* (Respuesta a *¿Qué te aconsejó el médico?*)

NOTA:

Se llama forma personal a aquella que expresa la persona gramatical que realiza la acción. En *El avión **llega** a las ocho,* la forma ***llega*** indica que se trata de la tercera del singular.

3. La igualdad de número y persona (concordancia) entre el sujeto y el predicado es también un requisito esencial para que la oración sea correcta:

- *Est**e** cuadr**o** val**e** mucho dinero.*

Pero no • **Est**os** cuadr**os** val**e** mucho dinero.*

4. A veces, el contexto hace innecesario que figuren en la oración todos sus elementos de un modo explícito:

- *Pedro. = Me llamo Pedro.* (Respuesta a *¿Cómo te llamas?*)
- *¡Qué barbaridad! = Eso me parece una barbaridad.*

C CLASIFICACIÓN DE LAS ORACIONES SIMPLES

1. Por su contenido o significado, las oraciones pueden ser **declarativas** (afirmativas, negativas e interrogativas), **exclamativas** e **imperativas:**

- *Fumas mucho últimamente.* (Afirmativa)
- *Este tren no lleva restaurante.* (Negativa)
- *¿Qué quería tu madre?* (Interrogativa)
- *¡Es una lástima!* (Exclamativa)
- *Pásame el cenicero, por favor.* (Imperativa)

(*) El asterisco en los ejemplos indica incorrección. Téngase en cuenta en lo sucesivo.

2. Por su estructura, las oraciones simples pueden ser **impersonales** (si no tienen sujeto) y **predicativas** (de predicado nominal o verbal). Las de predicado verbal pueden ser **transitivas, intransitivas, pasivas** (reflejas o no), **reflexivas** y **recíprocas**:

- ***Hace*** *mucho frío.* (Impersonal)
- *Carmen* ***es*** *farmacéutica.* (Predicativa)
- *El cartero* ***trajo*** *dos cartas.* (Predicativa, Transitiva)
- *La sesión* ***comenzó*** *a las cinco en punto.* (Predicativa, Intransitiva)
- *Los estatutos* ***fueron redactados*** *por una comisión.* (Predicativa, Pasiva)
- ***Se han visto*** *muchos OVNIS recientemente.* (Predicativa, Pasiva refleja)
- *En verano* ***me ducho*** *varias veces al día.* (Predicativa, Reflexiva)
- *No* ***nos vemos*** *desde hace mucho tiempo.* (Predicativa, Recíproca)

D FUNCIONES

1. La función de **sujeto** la realiza generalmente el nombre o el pronombre. Puede constar de uno o más elementos **(grupo nominal)**:

- ***Pedro*** *está triste.*
- ***Nosotros*** *somos hermanos.*
- ***El avión comercial más rápido*** *es el Concorde.*

2. La función de **predicado** la realiza el verbo, por sí solo en ciertos casos, o acompañado de otras palabras **(grupo verbal)**:

- *Mi padre* ***fuma****; mi madre, no.*
- *Mi padre* ***fuma dos cigarrillos al día.***
- *La paella* ***es un plato típico español.***

NOTA:
Cuando el predicado es *ser* o *estar* + un adjetivo o un nombre, se habla de **atributo** y de **oraciones atributivas**.

3. La función de **complemento** consiste en completar y precisar el significado de otras palabras. Pueden realizar esta función el nombre, el pronombre, el adjetivo, el verbo y el adverbio:

- *Hombre* ***rana****, mujer* ***objeto****.* (Nombres = complementos de nombres)
- *Antonio* ***el carpintero****.* (Nombre = complemento de nombre)
- *Colecciono* ***sellos****.* (Nombre = complemento de verbo)
- ***Lo*** *sé.* (Pronombre = complemento de verbo)
- *Bueno para* ***la salud****.* (Nombre = complemento de adjetivo)
- *Un caso* ***curioso****.* (Adjetivo = complemento de nombre)
- *Está* ***contento****.* (Adjetivo = complemento de verbo)
- *Necesito* ***trabajar****.* (Verbo = complemento de verbo y predicado)
- *Conduce* ***despacio****.* (Adverbio = complemento de verbo)

4. Como ya hemos visto, el verbo puede ejercer por sí mismo la función de predicado (verbos de «predicación completa», según algunos autores) o puede necesitar otras palabras (complementos) para determinar o completar su significación.

El complemento **directo** es la persona o cosa sobre la que recae directamente la acción verbal:

- *Veo **a mi novia** todos los días.*
- *Pedro toca **la guitarra**.*

NOTA:

Cuando el verbo lleva complemento directo se dice que es **transitivo**. Cuando no lo lleva se dice que es **intransitivo**.

El complemento **indirecto** es el destinatario de la acción verbal:

- *Mi hijo escribió una carta **a los Reyes Magos**.*

El complemento **circunstancial** indica las circunstancias en que se desarrolla la acción del verbo:

- *Los obreros estuvieron trabajando **durante toda la noche**.*

5. El artículo y los determinativos (ver Unidades 3 y 6) ejercen la función de **actualización** del nombre, es decir, delimitan y precisan su significado:

- ***Los** españoles* (las personas que tienen la nacionalidad española)
- ***Una** vaca* (de entre varias)
- *En **este** momento* (ahora)

6. La función de las preposiciones, conjunciones y relativos (ver Unidades 6 y 14) es la de servir de **nexo** entre palabras o combinaciones de palabras:

- *Un vaso **de** agua.*
- *Las puertas **y** las ventanas.*
- *El año **que** viene. El día **que** tú me quieras.*

PRACTICA

EXPLOTACIÓN

EJERCICIO A.1

Clasifica las siguientes oraciones atendiendo a su significado.

Ejemplos: ¿Dónde compraste ese traje? *Interrogativa*
Este teléfono no funciona. *Negativa*
Nos iremos por la noche. *Afirmativa*

1. Los libros no me caben en la estantería.
2. ¿Hablas español?
3. Rosario tiene una tos muy fuerte.
4. El cartero no ha venido aún.
5. ¡Cierra la puerta de la cocina!
6. ¿No tiene Carlos una moto?
7. ¡Qué calor hace!
8. No vengas antes de las siete.
9. ¿Qué hora es?
10. ¡Cállate!

EJERCICIO A.2

Clasifica las siguientes oraciones según su estructura.

Ejemplos: El delantero centro marcó cuatro goles. *Transitiva*
Esta letra no se entiende. *Pasiva refleja*
Juan y su hermano ya no se hablan. *Recíproca*

1. Su actitud fue muy elogiada por todos los presentes.
2. Aquí casi nunca nieva.
3. Es muy temprano todavía.
4. Javier y Carlos se conocen desde niños.
5. La fiesta terminó pasadas las doce de la noche.
6. Se habla inglés.
7. No hay nadie en la taberna.
8. Son casi las cinco y media.
9. Hoy día se compran muchas cosas innecesarias.
10. Nunca me afeito con maquinilla eléctrica.

EJERCICIO A.3

En el siguiente texto hay muchos ejemplos de oraciones simples. Escribe el sujeto de cada una de ellas. Si no figura de modo explícito, indícalo de alguna manera.

Ejemplos: (1): *La rama materna.* (3): *(Ella, la madre de Matilde.)*
(2): *La madre de Matilde.* (4): *(Matilde.)*

La rama materna era distinta (1). La madre de Matilde fue una socialista convencida y una mujer muy intuitiva y sensible (2). Venía de Soria (3). Y también recordaba al abuelo materno, un hombre bondadoso y sufrido (4): «Tenía gangrena (5) y nunca se lamentaba de nada (6). Disimulaba el dolor (7). Primero le cortaron una pierna (8). Luego la otra (9). No tenía pensión (10). No tenía Seguridad Social (11). Sin embargo, hablaba de la libertad (12). (...) Era el hombre más libre del mundo (13). (...) Su libertad era interior (14). No había otra mejor (15). Era la única libertad (16). Mi abuelo pasaba temporadas con nosotros, en la portería (17). Me contaba cosas del campo, de los animales (18). Era una persona feliz (19). No tenía nada, a excepción de algo muy valioso (20): la palabra (21). No tenía cultura (22), ni había leído libros (23). Pero era un sabio de la vida (24) y me hablaba de ella» (25).

IGNACIO CARRIÓN
«Fin de semana con Matilde Fernández». **El País,** 6/9/92. (Adaptación)

EJERCICIO A.4

Lee el texto siguiente y explica las funciones **que desempeñan las palabras destacadas.**

Don Faustino Rueda (1) era profesor de lengua española. Sus alumnos **eran chicos y chicas de quince a diecisiete años** (2). Don Faustino enseñaba **gramática y ortografía** (3) **a sus alumnos** (4). La ortografía, sobre todo, era muy importante para don Faustino.

Aquel día don Faustino y su esposa celebraban **el aniversario** (5) de su boda. **Se fueron a cenar** (6) a un conocido restaurante de su ciudad. Marido y mujer iban muy bien vestidos. **Era un sitio elegante** (7), y **la comida** (8), de primera calidad.

Don Faustino y doña Clara, **su esposa** (9), se sentaron a una mesa. Pronto vino **el camarero** (10) y **les** (11) presentó la carta. El profesor y su esposa examinaron la carta **atentamente** (12). De pronto, don Faustino puso cara de horror.

–¿Qué te pasa, querido? –preguntó **doña Clara** (13) a su esposo.

–¡Una falta **de ortografía** (14) en el menú!

–¿Dónde? ¡No es posible, éste es un restaurante de lujo!
El camarero (15) escuchaba con atención a sus dos clientes.
–¡Mira, «poyo» con «ye»!
–No, señor –explicó **el camarero** (16) amablemente–. Es pollo asado con champiñón. ¡Y está muy bueno!

JOSÉ SILES ARTÉS
Historias para conversar. Nivel básico, SGEL, 1985, pág. 80

Ejemplos: (1): *Sujeto.* (3): *Complemento directo.*
(2): *Predicado.* (4): *Complemento indirecto.*

B TAREA

EJERCICIO B.1

Un fallo en el ordenador ha alterado el orden de las palabras en alguna de las oraciones que habías escrito correctamente. Corrige los errores.

Ejemplo: Sus son enfermeros tres hijos.
Sus tres hijos son enfermeros.

1. Mañana es día trece.
2. ¿Qué hay para comer?
3. Tiene ningún no interés.
4. María divertida muy es.
5. Fue gol un clarísimo.
6. ¿Cómo llamas te?
7. Tengo muy poco dinero.
8. ¿Dónde eres de?
9. ¡Casualidad qué!
10. Pongas no te falda esa.

EJERCICIO B.2

Para comunicarse eficazmente con otras personas no es necesario utilizar siempre todos los elementos que integran la oración. Lee el siguiente diálogo y escribe de nuevo la parte de Birgitte, usando todas las palabras a las que corresponderían sus intervenciones.

ALFONSO: ¡Hola! Me llamo Alfonso, ¿y tú?
BIRGITTE: Birgitte. *Yo me llamo Birgitte.*
ALFONSO: ¿De dónde eres?

BIRGITTE: De Alemania.

ALFONSO: ¿Llevas mucho tiempo aquí?

BIRGITTE: Dos semanas.

ALFONSO: ¿Has venido a aprender español?

BIRGITTE: No, a trabajar.

ALFONSO: ¿Te gusta esta ciudad?

BIRGITTE: Mucho.

ALFONSO: ¿Y los españoles?

BIRGITTE: ¡Pschs...!

ALFONSO: ¡¿Cómo?!

EJERCICIO B.3

Un verbo pide ayuda a una oración compleja porque quiere decirle algo. Lee el diálogo entre ellos e intenta adivinar qué es lo que el verbo quiere confesar a la oración.

VERBO: ¡Hola! ¿Podrías prestarme alguna palabra, por favor? ¡Me encuentro muy solo!

ORACIÓN: ¿Con quién tengo el gusto de hablar?

VERBO: ¡Perdón por no haberme presentado antes! Soy un verbo de «predicación completa» y estoy funcionando como oración. Pero no puedo expresar todo lo que siento.

ORACIÓN: Ah, entonces eres muy simple.

VERBO: Sí, pero no tonto.

ORACIÓN: Bueno, puedo prestarte uno de los adverbios que me sobran.

VERBO: ¿Qué adverbio?

ORACIÓN: «Poco». ¿Te sirve?

VERBO: No, porque con él significo precisamente lo contrario de lo que quiero expresar. ¿No tendrías otro, tú que eres tan compleja?

ORACIÓN: Compleja, pero sólo en sentido gramatical. Y para demostrarte que no soy nada «difícil», te ofrezco otros dos: «últimamente» y «mucho».

VERBO: «Mucho» me viene muy bien, aunque necesitaría también un pronombre para completar mi significación.

ORACIÓN: ¿De qué pronombre se trata?

VERBO: De un pronombre personal complemento, de segunda persona del singular.

ORACIÓN: Yo no lo tengo, pero se lo puedo pedir a una compañera que, estoy segura, te lo dará con mucho gusto.

VERBO: ¡Estupendo! ¡Muchísimas gracias!

ORACIÓN: De nada. Encantada de poder ayudarte.

RECUERDA

En esta Unidad has aprendido que:

1. Se llama oración al conjunto de palabras que tiene un significado unitario e independiente y que expresa algo acerca de alguien o de algo.

2. Las partes de la oración pertenecen a alguna de las categorías siguientes: nombre, artículo, pronombre, adjetivo, verbo, adverbio, preposición y conjunción.

3. El orden de las palabras en español es bastante flexible, pero algunas combinaciones son incorrectas.

4. Según la actitud del hablante, las oraciones pueden ser declarativas (afirmativas, negativas, interrogativas), exclamativas e imperativas (afirmativas y negativas).

5. Según su estructura, las oraciones son simples y compuestas.

6. Las oraciones compuestas se llaman complejas cuando constan de una proposición principal y de una o más proposiciones subordinadas.

7. Las palabras que componen la oración pueden desempeñar alguna de las siguientes funciones: sujeto, predicado, actualizador, complemento o nexo.

COMPRUEBA

Con la información que ahora posees, di todo lo que sabes acerca de las palabras destacadas en el texto que figura al comienzo de la Unidad.

Unidad 2
EL NOMBRE

LEE

Fíjate en lo que está destacado en el texto.

DE EXCURSIÓN

La excursión *fue muy interesante, a pesar de que* ***el viaje*** *en tren duró cerca de tres horas. Cuando llegamos al punto de destino, dejamos* ***el equipaje*** *en* ***el hotel*** *y subimos a* ***la cumbre*** *de* ***la montaña,*** *desde la que pudimos contemplar* ***un paisaje*** *maravilloso.* ***La ciudad****, inmensa, se extendía hasta más allá del horizonte y en* ***la distancia*** *se divisaban con toda* ***nitidez las*** *amplias* ***avenidas****,* ***el edificio*** *de Correos,* ***el Parlamento****,* ***la catedral****,* ***el estadio*** *de fútbol,* ***la piscina*** *municipal y, cómo no,* ***el humo*** *de* ***las fábricas*** *que, junto con el de* ***los coches****, contaminan cada vez más* ***el aire*** *que respiramos.*
En ***un árbol*** *próximo había* ***una multitud*** *de* ***pájaros****, que, ajenos a* ***estas consideraciones****, parecían disfrutar también del silencio y* ***la paz*** *del lugar.*

ESTUDIA

A FUNCIÓN

Generalmente, cuando hablamos utilizamos oraciones, es decir, grupos de palabras que tienen como núcleo un nombre o un verbo.

Los **grupos nominales** nos dicen de qué cosas o personas se está hablando (sujeto); los **grupos verbales** nos informan de lo que se dice de aquéllas (predicado):

- *El último **tren** / **sale** a las 10.*

  nombre verbo

  grupo nominal grupo verbal

El nombre es la palabra que sirve para identificar cosas materiales (personas, animales u objetos) e inmateriales (conceptos, cualidades, acciones). Puede desempeñar las siguientes funciones:

a) Sujeto:

- ***La mañana** está fría.*

b) Atributo con el verbo *ser*:

- *Antonio es **arquitecto**.*

c) Complemento del verbo:

- *Carlos compró **el periódico** en el estanco.* (Complemento directo)
- *Vendió el coche **a su cuñado**.* (Complemento indirecto)
- *Ayer fui **al cine**.* (Complemento circunstancial)

d) Complemento de otro nombre:

- *El peluquero **Juan**; el libro **de matemáticas**; las familias **sin hogar**; la lucha **por la vida**.*

e) Complemento de un adjetivo:

- *Amable **con las señoras**; apto **para el estudio**; loca **de amor**.*

B FORMA

1. Género

En español todos los nombres se distribuyen en dos grandes grupos: **masculinos** y **femeninos.**

Son masculinos los que pueden ir acompañados por el artículo *el* o *un*, o llevan la terminación *-o* de los adjetivos:

- ***El*** *camino es cort**o**.*
- ***El*** *programa es aburrid**o**.*
- ***El*** *lápiz roj**o** es mí**o**.*

Son femeninos los nombres que pueden ir acompañados por el artículo *la* o *una*, o llevan la terminación *-a* de los adjetivos:

- ***La*** *vida es bell**a**.*
- *Escribe con **la** mano izquierd**a**.*
- *Carmen Maura es una buen**a** actriz.*

Normalmente, los nombres que designan personas del sexo masculino son masculinos:

- *El cura, el padre, el chófer.*

Los que designan personas del sexo femenino son femeninos:

- *La monja, la madre, la actriz.*

Algunos nombres terminados en *-ista* indican profesión y sirven para los dos sexos:

- *El especialista, la especialista.*
- *El oficinista, la oficinista.*
- *El periodista, la periodista.*

NOTA:

El género no es un accidente regular del nombre, así que podrás encontrar nombres masculinos que no terminan en *-o* y nombres femeninos que no terminan en *-a*:

- *El día, el clima, el programa.*
- *La mano, la virtud, la pared.*

Algunos nombres cambian de significado cuando cambian de género:

- *El cura = El sacerdote.*
- *La cura = La curación.*
- *El capital = La cantidad de dinero.*
- *La capital = La población principal de un estado o provincia.*

2. Número

Casi todos los nombres pueden ir en **singular** o en **plural**. En singular suelen ir precedidos de los artículos *el*, *la*, *un*, *una*, y en plural de *los*, *las*, *unos*, *unas*:

- ***El*** *coche,* ***un*** *coche,* ***los*** *coches,* ***unos*** *coches.*
- ***La*** *caja,* ***una*** *caja,* ***las*** *cajas,* ***unas*** *cajas.*

Si están en plural, normalmente terminan en *-s*; es decir, el plural se forma añadiendo una *-s* al singular:

- *El hombre, los hombre**s**.*
- *El camino, los camino**s**.*
- *La casa, las casa**s**.*

Pero si el nombre termina en consonante se le añade *-es*:

- *El camión, los camion**es**.*
- *El reloj, los reloj**es**.*

NOTA:

Al ponerse en plural, los nombres que terminan en *-z* cambian esta consonante por *c*:

- *La actriz, las actri**ces**.*
- *El pez, los pe**ces**.*

Algunos nombres sólo se utilizan en plural:

- *Gafa**s**, tijera**s**, afuera**s**.*

Otros, los terminados en *-s* en sílaba no acentuada, no cambian al ponerse en plural:

- *La tesis, las tesis; la crisis, las crisis.*
- *El paraguas, los paraguas.*

En los nombres compuestos sólo se pone en plural el primer elemento:

- *Los perro**s** policía, los coche**s** cama, las hora**s** punta.*

PRACTICA

EXPLOTACIÓN

EJERCICIO A.1

Pon en plural los siguientes nombres.

Ejemplo: el profesor *los profesores*

1. el contable
2. el abad
3. la enfermera
4. el novelista
5. la peluquera
6. el actor
7. el albañil
8. el capitán
9. la cantante
10. la actriz

EJERCICIO A.2

Cambia las frases siguiendo el ejemplo.

Ejemplo: Encontré *una mosca* en la sopa. (dos)
Encontré ***dos moscas*** *en la sopa.*

1. Sólo he visitado *un país africano.* (tres)
2. El jeque se casó con *una mujer.* (seis)
3. El dentista me sacó *una muela.* (dos)
4. El niño vio aterrizar *un avión.* (cinco)
5. Sólo hay *un paraguas* en la casa. (dos)
6. Por un precio ridículo compré *un reloj* de oro. (cuatro)
7. Hay *un tocadiscos* en el aula. (dos)
8. Vi *un caracol* en la pared. (tres)
9. El político presentó *una hipótesis interesante.* (dos)
10. El ciclista tardó *un mes* en recorrer *el país.* (dos)

EJERCICIO A.3

Nombres con dos géneros. Completa con el artículo correspondiente, el **o** la.

1. El general dio ... *orden* de retirarse.
2. Mi número figura en ... *guía* telefónica.
3. Anota la dirección en ... *margen* de la página.

4. Lo reconocerás porque tiene un lunar en ... *frente*.
5. Invirtió todo ... *capital* en bonos del Estado.
6. ... *cura* de mi pueblo aún lleva sotana.
7. Me gustó ... *editorial* que publicó ayer **El País**.
8. En este tramo ... *pendiente* es de tres grados.
9. Te espero a las dos en ... *terminal* de autobuses.
10. Lo siento, pero ese punto no está en ... *orden* del día.

EJERCICIO A.4

Nombres terminados en -ma **(¿masculinos o femeninos?). Completa con el artículo correspondiente,** el **o** la**.**

1. No te olvides de poner ... *alarma* antes de salir.
2. ... *problema* de Pedro es que no sabe conducir.
3. Gracias por ... *telegrama* de felicitación que me enviaste.
4. Anoche me puse ... *pijama* al revés.
5. ¿Cuál es ... *norma* que rige en estos casos?
6. Me gustó ... *poema* que me dedicaste.
7. Después de la tempestad viene ... *calma*.
8. Para obtener ... *diploma* superior hay que estudiar mucho.
9. Lo mejor de este país es ... *clima*.
10. Y llevo sangre de reyes en ... *palma* de la mano.

EJERCICIO A.5

Forma nombres en plural combinando sílabas de las dos casillas.

Ejemplo: vi + das = *vidas*

vi	ces
actri	das
ra	zas
pensio	sis
te	jes
relo	nes
para	les
capita	les
pe	sis
cri	guas

EJERCICIO A.6

Señala el género de los siguientes nombres.

Ejemplo: oficinista *(masculino y femenino)*

1. padre
2. programa
3. lápiz
4. mano
5. actriz
6. coche
7. caja
8. camino
9. periodista
10. juez

B TAREA

EJERCICIO B.1

Varios familiares y amigos se hicieron regalos de Navidad. En tu opinión ¿quién hizo un regalo a quién y cuál fue el regalo?

Ejemplo: Carlos - paraguas - María
Carlos regaló un paraguas a María.

1. Pedro - libro de aventuras - Juan
2. Otilia - Ana - televisor en color
3. Juan - Ana - traje de seda
4. Cristina - Pedro - poema de amor
5. Eduardo - reloj de cuarzo - Cristina
6. Ana - Cristina - caja de bombones

EJERCICIO B.2

Ésta es la lista de la compra mensual del matrimonio García.

naranjas huevos papel higiénico jabón
plátanos almejas arroz

Calcula lo que necesitarán utilizando alguna de las cantidades que se expresan a continuación: un kilo, tres kilos, un rollo, una docena, media docena, tres cuartos de kilo, una pastilla, un paquete de, seis latas de.

Ejemplo: Los García necesitarán *tres kilos* de naranjas.

RECUERDA

En esta Unidad has aprendido que:

1. El nombre es la palabra con la que designamos algo.

2. Es el núcleo del grupo nominal.

3. Puede desempeñar varias funciones en la oración. Sus funciones esenciales son las de sujeto y complemento del verbo, aunque también puede complementar a otro nombre o a un adjetivo.

4. Según el género, todos los nombres se distribuyen en dos grandes grupos: los masculinos y los femeninos.

5. El género no es un accidente regular del nombre; podrás encontrar nombres que parecen masculinos y son femeninos, y viceversa.

6. Según el número, los nombres pueden ir en singular o en plural. Normalmente, los nombres que terminan en vocal se convierten en plural si añadimos una *-s*. Cuando el nombre termina en consonante se le añade *-es*.

COMPRUEBA

Explica el género y número de los nombres destacados en el texto «De excursión» que figura al principio de esta Unidad. Fíjate en las funciones que desempeñan los nombres en las distintas oraciones.

Unidad 3
EL ARTÍCULO

LEE

Fíjate en lo que está destacado en el texto.

I. EL BAÑO EN EL MAR

JAVIER: Hola. ***Qué día*** *tan estupendo, ¿verdad?*

RAMÓN: Sí, parece que llegó el verano. Tendrás que quitarte ***la chaqueta*** *porque hace mucho calor.*

JAVIER: Sin embargo ***el agua*** *está todavía fría para bañarse en* ***el mar****.*

RAMÓN: Pues no lo está para ***el señor Pérez*** *que, a* ***los ochenta años****, aún se baña en* ***la playa*** *todos los días, incluso en invierno.*

JAVIER: Ese señor ***es médico****, ¿no? O, mejor dicho, era.*

RAMÓN: Sí, pero ***lo curioso*** *es que, nunca recomendó esa práctica a sus pacientes.*

JAVIER: A veces ***las personas*** *son poco consecuentes...*

II. LA COMPRA DEL COCHE

PILAR: Tengo que comprarme ***un coche*** *nuevo.* ***Unos amigos*** *me recomendaron* ***el BMW****. Tú ¿qué opinas?*

ANA: Hombre, ***las marcas*** *europeas son muy buenas. Precisamente* ***unas primas mías*** *tienen* ***un BMW*** *y están muy contentas con él. Dicen que* ***lo mejor*** *de este coche es la potencia* ***del motor****. Fíjate que tardan tan solo diez minutos en ir de su casa* ***al trabajo****. ¡Y eso que hay* ***una distancia*** *considerable!*

ESTUDIA

El **artículo** es una palabra variable, sin significado propio, que generalmente acompaña al nombre y concuerda con él en género y número:

- ***El*** *diccionario,* ***los*** *diccionarios.*
- ***Una*** *idea,* ***unas*** *ideas.*

Cuando otras palabras o expresiones ocupan el lugar del nombre se dice que **están sustantivadas:**

- ***El*** *hacer las cosas de prisa.*
- ***Lo*** *triste de la situación.*
- ***El*** *cómo y* ***el*** *cuándo.*
- *En* ***un*** *abrir y cerrar de ojos.*
- ***El*** *que no quieras trabajar me preocupa.*

A FUNCIÓN

La función del artículo es la de presentar el nombre, concretándolo o individualizándolo:

- *Ayer leí* ***la*** *novela* Camino de rosas. (ésa, en concreto)
- *Ayer leí* ***una*** *novela.* (de entre varias)

B COLOCACIÓN

El artículo en español precede siempre al nombre, aunque entre ellos puedan figurar otras palabras:

- ***La*** *inexplicable* ***actitud*** *de algunas personas.*
- ***Un*** *desgraciado* ***incidente****.*
- ***Los*** *probablemente ya deteriorados* ***productos****.*

C FORMAS

En español hay dos clases de artículo, cuyas formas son las siguientes:

ARTÍCULO		Masculino	Femenino	Neutro
Determinado	**Singular**	el	la	lo
	Plural	los	las	
Indeterminado	**Singular**	un	una	
	Plural	unos	unas	

Las formas *la* y *una* se sustituyen por *el* y *un* delante de los nombres en singular que empiezan por *a* o *ha* tónicas:

- ***El*** *agua,* ***el*** *aula,* ***un*** *arma,* ***un*** *ave,* ***el*** *hacha.*

NOTA:

Esta sustitución sólo obedece a razones fonéticas. De ahí que no se produzca

– cuando estos nombres van precedidos de un adjetivo:

- ***La*** *gran aula,* ***una*** *veloz ave.*

– cuando van en plural:

- ***Las*** *aguas,* ***las*** *aulas,* ***unas*** *armas,* ***unas*** *aves,* ***las*** *hachas.*

Cuando se combina con las preposiciones *a* y *de* se transforma en *al* y *del* respectivamente:

- *Esta noche voy* ***al*** *(a + el) teatro.*
- *El hombre* ***del*** *(de + el) abrigo gris es ingeniero.*

D USOS Y OMISIÓN DEL ARTÍCULO DETERMINADO

1. Normalmente acompaña al sujeto de la oración

a) cuando el nombre designa algo concreto o específico:

- ***La*** *Tierra gira alrededor del Sol.*
- ***El*** *dentista me recibe a las cinco.*

b) cuando se trata de nombres abstractos o nombres usados en sentido general:

- ***La*** *felicidad no es más que una opinión.* (M. Maeterlinck)
- ***El*** *tiempo vuela.*
- ***El*** *avión es un medio de transporte muy rápido.*
- ***La*** *comida en el norte del país es excelente.*
- ***Los*** *poetas son los hombres que han conservado los ojos de niño.* (A. Daudet)

2. Acompaña al complemento directo

a) cuando el nombre está en plural y se refiere a algo específico, o cuando se refiere a algo genérico (con verbos como *admirar*, *amar*, *odiar*, *soportar*, etc.):

- *Le enviamos* ***los*** *libros por correo.* (los que ha pedido)
- *Le enviamos libros por correo.* (sin especificar cuáles)
- *No soporto* ***las*** *películas con subtítulos.*

b) cuando el nombre en singular es incontable y designa algo determinado:

- *Compré* ***la*** *leche que me recomendaste.*

Pero • *Compré leche, pan y huevos.*

3. Acompaña al atributo cuando éste tiene carácter identificador:

- *Carlos es **el** profesor de mi hijo.* (no es otra persona)

Pero • *Carlos es profesor.* (enseña)

4. También se usa

a) con valor posesivo, cuando el nombre designa partes del cuerpo, prendas de vestir o artículos de uso personal:

- *Me duele **la** cabeza.*
- *Ponte **la** chaqueta.*
- *Quítate **los** zapatos.*

b) con las palabras *señor, señora, señorita* y otros tratamientos, cuando no se utilizan en expresiones vocativas:

- ***El** señor Pérez dejó un recado para **la** señorita Méndez.*
- ***La** doctora García no está en este momento.*
- ***El** capitán Díaz acaba de salir.*

Pero • *«Señor Gómez, le llaman por teléfono».*

EXCEPCIONES:

No se usa el artículo con *don, doña, san, santa, sor.*

c) para expresar la hora:

- *Son **las** cinco.*
- *Es **la** una en punto.*

d) con algunos nombres geográficos:

- ***El** Salvador, **La** India.*
- ***La** Coruña, **La** Rioja.*
- ***El** Escorial, **La** Haya.*

e) con nombres de países y ciudades cuando están adjetivados (modificados por un adjetivo, frase u oración):

- ***La** España húmeda.*
- ***El** Londres de los turistas.*
- ***La** Barcelona que yo conocí de niño era distinta.*

f) con nombres de lugar cuando se refieren a un equipo deportivo:

- ***El** Barcelona.*
- ***El** Marbella.*
- ***El** Cádiz, etc.*

g) con apellidos, para designar a los miembros de una familia, o para referirse a personas que en nuestra opinión poseen cualidades parecidas a las de la persona a quien corresponde el apellido:

- ***Los*** *Méndez tienen un apartamento en la playa.*
- *Estos jóvenes pintores son* ***los*** *Picasso(s) de hoy.*

h) con nombres que indican peso o medida:

- *Los plátanos están hoy a 120 pesetas* ***el*** *kilo.*
- *Se venden rosas a 500 pesetas* ***la*** *docena.*

i) con los días de la semana, excepto si van precedidos del verbo *ser* y éste no se usa con el sentido de *ocurrir, tener lugar*:

- ***El*** *miércoles es un buen día para ir de compras.*
- *Cerrado* ***los*** *sábados.*
- *Ayer fue lunes y, naturalmente, hoy es martes.*

Pero • *Mi cumpleaños fue (tuvo lugar)* ***el*** *domingo.*

j) después de los pronombres personales de primera y segunda personas del plural:

- *Nosotros* ***los*** *políticos tenemos que viajar con frecuencia.*
- *Ustedes las* ***mujeres*** *saben más de estas cosas.*

k) en aposición ante un nombre, para destacarlo o para evitar la ambigüedad:

- *Cuba,* ***la*** *perla de las Antillas.*
- *Juan,* ***el*** *pintor, no puede venir. (Juan,* ***el*** *profesor, sí.)*

Pero • *Juan, pintor famoso, acaba de ganar otro premio.*

l) con el complemento directo del verbo *jugar* cuando el nombre indica deportes o ciertos juegos:

- *Juego* ***al*** *fútbol los sábados por la tarde.*
- *Hay personas que juegan a* ***la*** *lotería todas las semanas.*
- *Mis amigas se pasaron toda la noche jugando* ***al*** *póquer.*

Pero • *Si te apetece, podemos jugar una partida de ajedrez.*
- *Los dos equipos jugarán un partido con fines benéficos.*
- *Sólo juego 500 pesetas en el número 33.011 de la lotería.*

5. Se omite

a) delante de nombres de personas y delante de países, ciudades o regiones, excepto en algunos casos como los ya mencionados:

- *Inés es la madre de Carmen.*
- *España, Francia e Italia son países europeos.*

b) cuando se mencionan varios nombres que forman parte del mismo concepto o idea y que se perciben en su totalidad, no individualmente; en este caso, es suficiente que lleve el artículo el primero:

- ***El** aspecto y calidad del producto son fundamentales.*
- *En mi casa tengo **los** cuadros, muebles y relojes que me regalaron.*

c) normalmente, delante de nombres que indican materias de estudio o idiomas, cuando son complemento directo:

- *Mi prima estudia Medicina.*
- *Hablo ruso con muchas dificultades.*

Pero
- *La carrera de Medicina es muy larga.*
- *La Medicina ha progresado mucho en este siglo.*
- *Para un español, el ruso es más complicado que el francés.*

6. El artículo *lo* se usa

a) sin referencia a ningún nombre concreto, para expresar la esencia del adjetivo:

- ***Lo** cortés no quita **lo** valiente.*
- ***Lo** bueno es caro.*

b) con adjetivos, en construcciones del tipo *lo* + adjetivo + *que* + *es* + ..., para resaltar la cualidad que representan:

- *Ahora comprendo **lo** importante que es saber idiomas.*
- *No te imaginas **lo** sabrosa que estaba la merluza.*
- *¡**Lo** difíciles que son estos exámenes!*

c) con adverbios, para resaltar su significado:

- *Ven **lo** antes posible.*
- ***Lo** poco que gana no le da para comprarse un coche.*

E USOS Y OMISIÓN DEL ARTÍCULO INDETERMINADO

1. Normalmente se usa

a) para individualizar nombres en singular que representan a todos los de su clase:

- ***Un** cartero es una persona que reparte cartas.*
- ***Una** avenida es una calle ancha.*
- *Prefiero **un** coche a **una** bicicleta.*

b) para individualizar nombres que se mencionan por primera vez o que son desconocidos por el oyente:

- *Vi **una** película muy interesante.*
- *Pasamos el fin de semana con **unos** amigos en el campo.*

c) con nombres abstractos adjetivados:

- *Tienes **una** paciencia increíble.*
- *Hace **un** calor insoportable.*

d) con cantidades, para indicar aproximación:

- *Asistieron **unas** veinte personas solamente.*
- ***Una** tercera parte del electorado votó en blanco.*

2. Se omite

a) con nombres de materia (incontables) como agua, azúcar, leche, arroz, etc., cuando son complemento directo e indican cantidad indeterminada:

- *Nunca tomo leche helada.*
- *¿Tiene azúcar el café?*

b) delante de nombres que indican profesión, ocupación, nacionalidad, etc., a menos que estén modificados por un adjetivo o similar:

- *Antonio es médico.*
- *Mi padre es alemán.*

Pero
- *Elisa es **una** excelente actriz y ama de casa.*
- *Arthur es **un** inglés muy simpático.*
- *Manuel es **un** carpintero que conoce muy bien su oficio.*

c) cuando el nombre va precedido de *qué*, *medio/a*, *mil*, *otro/a*, *cierto*, *tal*, y, en algunos casos, de *sin*, *como*:

- *¡Qué suerte tienes!*
- *¿Qué libros has leído últimamente?*
- *Falta media hora para salir.*
- *Este regalo me costó exactamente mil pesetas.*
- *Lo dejamos para otra ocasión.*
- *Cierto día tuvimos que salir corriendo.*
- *No sé qué pudo inducirla a tomar tal decisión.*
- *No podemos llevarte sin permiso de tus padres.*
- *Como profesor, es fantástico.*

PRACTICA

A EXPLOTACIÓN

EJERCICIO A.1

Corrige los artículos que están mal empleados.

Ejemplo: la agua salada
__el__ agua salada

1. el café
2. la alma
3. la agua oxigenada
4. unos amigas mías
5. lo curioso
6. la Sevilla Fútbol Club
7. las siete en punto
8. la a
9. la verdadera alma
10. las hipótesis

EJERCICIO A.2

Completa las siguientes oraciones con artículos cuando sea necesario.

Ejemplos: En ... frutería compraré ... naranjas y ... plátanos.
En __la__ frutería compraré naranjas y plátanos.
A mí no me gusta jugar a ... cartas.
A mí no me gusta jugar a __las__ cartas.

1. ... hermana de Pedro tiene ... amiga alemana.
2. ... amor es ... sentimiento universal.
3. En ... granja puedes encontrar ... vacas, ... caballos, ... cerdos y ... gallinas.
4. Carmen fue ... teatro ... jueves a ... ocho.
5. Si hace mucho frío, puedes ponerte ... abrigo que te regalé.
6. Me corté... dedo pulgar de ... mano izquierda.
7. ... semana pasada se levantó tarde todos ... días.
8. ... señorita que me atendió es ... enfermera.
9. Granada es ... ciudad que está en ... sur de España.
10. ... bueno de este cine es ... aire acondicionado.

EJERCICIO A.3

Completa el ejercicio utilizando los artículos correspondientes y añadiéndoles una de las siguientes palabras: amigos, ciudad, capital, río, arquitecto, cinturones, seis, mejor, cocinero, almejas.

Ejemplo: Sevilla es ... española.
*Sevilla es **una ciudad** española.*

1. La azafata dijo: «Abróchense ...»
2. Para ver el paisaje ... es ir en tren.
3. Lima es ... de Perú.
4. Te veré a ... de la tarde.
5. Pedro es ... excelente.
6. En ese restaurante preparan ... a la marinera muy buenas.
7. El Ebro es ... más largo de España.
8. Juan es ... más prestigioso de la ciudad.
9. Carmen tiene ... muy simpáticos.

B TAREA

EJERCICIO B.1

Transforma los textos de estos telegramas y anuncios en notas redactadas «normalmente», utilizando artículos y otras palabras que creas necesarias.

Ejemplo: 1. *Me es imposible viajar en avión. Llegaré el martes...*

1. IMPOSIBLE VIAJAR AVIÓN. LLEGARÉ MARTES 10 TREN 11.30 MAÑANA. SRTA. GARCÍA COMPRÓ LIBROS TÚ NECESITAS. ESPÉRAME ESTACIÓN. ABRAZO. ANTONIO.
2. AMIGOS MÍOS TIENEN HIJO ESPAÑA ESTUDIANDO UNIVERSIDAD SALAMANCA. NECESITA RESIDENCIA CENTRO CIUDAD. AGRADECERÍA ENVÍEN INFORMACIÓN PRECIOS. SALUDOS. LUISA.
3. VENDO CASA SITUADA CAMPO 3 KILÓMETROS CENTRO CAPITAL PROVINCIA. TIENE HUERTA 500 METROS Y GARAJE DOS COCHES. CONDICIONES PAGO INTERESANTES. LLAMAR TELÉFONO 23 65 84 (2 A 5 TARDE). PREGUNTAR SRTA. FERNÁNDEZ.
4. SE VENDE BARCO ÚTIL PESCA Y RECREO CLUB NAÚTICO CIUDAD CÁDIZ. PRECIO A CONVENIR. TELÉFONO CONTACTO 23 47 65.

EJERCICIO B.2

Lee la información de la ficha siguiente y completa el párrafo con los artículos correspondientes cuando sea necesario.

Nombre: Fernando. **Apellidos:** Díaz López. **Edad:** 64 años. **Domicilio:** Zamora. **Dirección:** Calle Mayor, 7. **Profesión:** Economista. **Estado civil:** Casado. **Hijos:** 2 (Eduardo, 28 años, pintor; Rosa, famosa bióloga). **Intereses:** Tenis, cine, música clásica.

... personaje de la ficha se llama Fernando. Su primer apellido es Díaz y ... segundo, López. No es ... hombre joven, pero a ... 64 años aún juega a... tenis. Vive en ... ciudad de Zamora en ... número 7 de ... calle Mayor. Trabaja de ... economista en ... Banco Popular. Su hijo Eduardo es ... pintor y su hija, Rosa, es ... bióloga famosa. Le gusta ... tenis, ... cine y ... música clásica.

EJERCICIO B.3

Responde al siguiente cuestionario utilizando la información dada y, cuando sea necesario, los artículos correspondientes.

A: ¿A qué te dedicas?
B: (médico) *Soy médico.*
A: ¿Dónde trabajas?
B: (en/hospital)
A: ¿A qué hora comienzas tu trabajo?
B: (a/ocho)
A: ¿Dónde almuerzas?
B: (en/cantina/de/hospital)
A: ¿En que rama de la Medicina te has especializado?
B: (en/Ginecología)

EJERCICIO B.4

Debido a /.../ interferencias en /.../ línea telefónica, /.../ siguiente diálogo está incompleto. Escribe, cuando sea necesario, /.../ artículos que faltan, incluyendo /.../ de estas instrucciones.

A: Consulta de /.../ doctora Gómez /.../ . Buenos días.
B: /.../ Oiga, oiga, ¿es ahí /.../ consulta...
C: *(Interrumpiendo.)* Sí, sí, aquí es, ¿qué desea?
B: Mire /.../ señorita, me duele mucho /.../ pierna izquierda y quisiera pedir hora para que me vea la doctora /.../ antes posible.

A: /.../ momento, por favor. Voy a consultar /.../ agenda. /.../ único día que puede recibirle es /.../ jueves, a /.../ cinco de /.../ tarde.

B: De acuerdo. Tome nota. Soy /.../ señora García. Mi número de teléfono es /.../ 43 26 58.

EJERCICIO B.5

Completa la preparación de esta receta poniendo artículos cuando sea necesario.

POTAJE DE CALABACINES

Ingredientes:

1 kilo de calabacines.
Medio kilo de patatas.
1 cebolla mediana.
2 cucharadas de aceite de oliva.
3 ó 4 dientes de ajo.
Cilantro[1].
Sal.

Preparación:

Se pelan ... patatas, se parten en ... cuadritos, se parten también ... calabacines y se pica ... cebolla; en ... mortero se majan[2] ... ajos, ... cilantro y ... sal; se pone todo en ... cacerola y se añade ... aceite y ... agua hasta cubrirlo todo. Se pone al fuego durante ... 90 minutos (más o menos) y, finalmente, se escacha[3] para que se una y quede espeso.

---

[1] hierba aromática
[2] trituran, desmenuzan
[3] aplasta (coloquial)

RECUERDA

En esta Unidad has aprendido que:

1. El artículo es una palabra variable que precede al nombre y concuerda con él en género y número.

2. La función del artículo es concretar o individualizar el nombre.

3. Hay dos clases de artículo: el determinado limita la extensión del nombre para expresar algo ya identificado o conocido por los interlocutores; el indeterminado indica la pertenencia del nombre a un grupo más general.

4. El artículo masculino singular después de las preposiciones *a* y *de* se contrae en *al/del*.

5. Los artículos se omiten en determinados casos.

COMPRUEBA

Explica el uso u omisión del artículo en los textos «El baño en el mar» y «La compra del coche» que aparecen al principio de la Unidad.

Unidad 4
LOS PRONOMBRES PERSONALES

LEE

Fíjate en lo que está destacado en el texto.

VIDA SANA

*Me gusta levantar**me** temprano para hacer unos ejercicios de gimnasia antes de empezar a trabajar. Cuando no **los** hago, me siento incómodo el resto del día. Para **mí** es imprescindible hacer**los** a diario y, cada vez que **se lo** digo a mis amigos, en vez de comprender**lo**, no **se les** ocurre sino reírse de **mí** porque piensan que **los** estoy tratando de convencer para que **los** hagan **ellos** también. **Yo** sé que son muy perezosos, aunque no **lo** parecen, pero deberían darse cuenta de que mi intención al decír**selo** no es **la** que **ellos** creen. Claro que entre **nosotros** no existe el peligro de que surjan susceptibilidades, porque **nos** conocemos desde hace años y **nos** llevamos muy bien.*

ESTUDIA

El nombre tiene un significado propio; el **pronombre** señala algo de manera provisional. Los pronombres se distinguen de los nombres en que no pueden ir precedidos del artículo. Los pronombres nunca acompañan al nombre; sustituyen o hacen referencia a algo mencionado previamente. Por eso tienen un significado que varía según el contexto:

- *No puedo vivir sin **ella**.* (ella = María, la pensión del Estado, la esperanza de que el problema tiene solución, etc.).

A FORMAS

Sustituyen a nombres o a grupos nominales que representan personas, animales o cosas y, en el caso de los pronombres neutros (*ello*, *lo*), a frases u oraciones ya mencionadas. Tienen distinta forma según que su función sea la de sujeto de verbos, objeto de verbos o complemento preposicional. Las formas de los pronombres personales objeto son átonas.

<table>
<tr><th></th><th></th><th>SUJETO</th><th>COMPLEMENTO</th><th>PREPOSICIONAL</th></tr>
<tr><td rowspan="3">Singular</td><td>Primera persona</td><td>yo</td><td>me</td><td>mí</td></tr>
<tr><td>Segunda persona</td><td>tú
usted</td><td>te
lo, la, le</td><td>ti
usted</td></tr>
<tr><td>Tercera persona</td><td>él
ella
ello</td><td>lo, la, le,
la, le,
lo
] se</td><td>él, sí
ella, sí
ello, sí</td></tr>
<tr><td rowspan="3">Plural</td><td>Primera persona</td><td>nosotros, -as</td><td>nos</td><td>nosotros, -as</td></tr>
<tr><td>Segunda persona</td><td>vosotros, -as
ustedes</td><td>os
los, las, les</td><td>vosotros, -as
ustedes</td></tr>
<tr><td>Tercera persona</td><td>ellos
ellas</td><td>los, les,
los, les,
las, les
] se</td><td>ellos, sí, ellas, sí</td></tr>
</table>

B FUNCIÓN Y USO

1. Formas sujeto

En español no es muy frecuente el uso de los pronombres personales sujeto, puesto que la terminación verbal ya indica la persona gramatical y el número: *escrib**o*** (yo), *escrib**ís*** (vosotros), etc.

Por esta razón se usan solamente:

a) cuando se quiere destacar el sujeto, estableciendo un contraste implícito o explícito:

- ***Ella*** *sabe disimular muy bien.*
- *Es* ***él*** *quien no quiere ir.*
- ***Yo*** *hablo inglés, pero* ***él*** *habla cuatro idiomas.*

b) para evitar la ambigüedad, cuando la misma forma verbal corresponde a más de una persona gramatical:

- *Invité a dos amigos y a dos amigas, pero* ***ellas*** *no pudieron llegar a tiempo.*

c) en frases como las siguientes:

- *Soy* ***yo****.*
- *Es* ***ella****.*
- *Somos* ***nosotros****.*

d) cuando no está presente el verbo:

- *–¿Quién sabe conducir?*
- *–**Yo**.*
- *Luis quiere una coca-cola y* ***yo*** *una cerveza.*

e) cuando el sujeto es múltiple (hay varios) y entre ellos figura la persona gramatical:

- *El señor de Murcia, el guía y* ***nosotros*** *dos comimos pescado.*

NOTA:

– Los pronombres *yo, tú, usted, ustedes* son invariables en cuanto al género.

– *Usted, ustedes* van con la forma verbal de tercera persona.

– Se usa *ustedes* en lugar de *vosotros, -as* en algunos países de Hispanoamérica y en Canarias.

– *Él, ella, ellos, ellas* no suelen utilizarse en el español peninsular para sustituir nombres de seres inanimados.

2. Formas complemento

a) La forma de la tercera persona del singular es *se* cuando el verbo es pronominal, es decir, si va acompañado de una forma complemento, o cuando la acción verbal se dirige hacia el propio sujeto:

- *Llovía tanto que no* ***se*** *atrevió a salir de casa.*
- *Mis padres* ***se*** *compraron una casa en el campo.*
- *Antonio* ***se*** *afeita todos los días.*

b) *Lo, la, los, las* son las formas del pronombre cuando es complemento directo y *le, les* cuando es indirecto. Se usan tanto para personas como para cosas, materiales e inmateriales:

- ***Lo*** *conozco.* (a Pedro, el problema, etc.)
- ***Las*** *compré en el mercado.* (las manzanas, etc.)
- ***Le*** *di un caramelo.* (al niño, a la niña, etc.)
- ***Les*** *pedí un autógrafo.* (a los/las artistas, etc.)

c) Como pronombre neutro, *lo*, sustituye a un predicado de *ser* o *estar*, o a una oración:

- *Dice que es arquitecto, pero no* ***lo*** *es.*
- *Está muy cansada, aunque no* ***lo*** *parece.*
- *La princesa está triste,* ***lo*** *sé.*
- *Creo que no debo ir.* ***Lo*** *comprendes, ¿verdad?*

d) Generalmente los pronombres átonos (formas complemento) van delante del verbo, pero con el imperativo afirmativo, gerundio o infinitivo van pospuestos y unidos al verbo:

- *Lláma**me** cuando puedas.*
- *Viéndo**la** de cerca no parecía tan alta.*
- *No es fácil encontrar**los**.*

e) Si el infinitivo o gerundio van precedidos de un verbo auxiliar, los pronombres pueden colocarse delante de éste:

- *Quiere enviár**melo** por correo./**Me lo** quiere enviar por correo.*
- *Estoy escuchándo**lo**./**Lo** estoy escuchando.*

f) Si hay más de un pronombre, el indirecto precede siempre al directo:

- ***Me lo*** *dijo Pérez, que estuvo en Mallorca.*

g) Con *lo, la, los, las* se usa *se* en vez de *le* o *les:*

- *No* ***se lo*** *digas todavía.*
- ***Se las*** *puse encima de la mesa.*

USOS ESPECIALES:

– para evitar el uso de ciertas construcciones con adjetivo posesivo:

- *El profesor* ***me*** *corrigió los errores,* en vez de *El profesor corrigió mis errores.*

– para señalar el comienzo de una acción:

- *El niño* ***se*** *durmió enseguida.*

– para subrayar el efecto emotivo que causa una acción en una persona relacionada con la situación verbal de forma indirecta:

- *Mi hija se* ***me*** *fue a vivir con una amiga.*

3. Formas preposicionales

a) Se utilizan cuando el pronombre personal es complemento de una preposición:

- *Nada es difícil* ***para*** *ella.*

b) Con las preposiciones *entre, excepto, incluso, menos, salvo* y *según,* se usan *yo, tú* en vez de *mí, ti:*

- *Todos hablan español* ***excepto*** *yo.*

c) Las partículas *con + mí, con + ti, con + sí* se convierten en *conmigo, contigo, consigo:*

- *Me gustaría bailar* ***contigo****.*

d) Estas formas del pronombre se usan con frecuencia seguidas de la preposición *a* para resaltar o señalar con claridad el complemento, directo o indirecto, del verbo. En estos casos es obligatorio emplear también la forma átona del pronombre:

- ***A él lo*** *entiendo muy bien.*
- ***A ella le*** *encanta cocinar.*
- ***Te*** *toca* ***a ti****.*

PRACTICA

A EXPLOTACIÓN

EJERCICIO A.1

Sustituye las palabras destacadas por pronombres, como en el ejemplo.

Ejemplo: Cierra *la puerta.* = *ciérra**la.***

1. Entrega *esta carta al conserje.*
2. Hoy llega *mi tío.*
3. Ayer compré *un abrigo a mi mujer.*
4. No entiendo *el problema.*
5. Pedí *un aumento de sueldo a mi jefe.*
6. *Miguel* no es *futbolista.*
7. Sabemos *que han llegado tus primos.*
8. Es difícil aprender *cosas nuevas.*
9. Él enseña *español a los japoneses.*
10. Pedro devolvió *las gafas* al óptico.

EJERCICIO A.2

Completa el siguiente diálogo con los pronombres personales que faltan.

RAQUEL: ¿Qué opinas de Carlos? ¿ ... gusta?

CARMEN: Sí, ... gusta mucho. Es muy simpático y, además, creo que ... caigo bien.

RAQUEL: No ... dudo. El otro día, cuando hablé con ..., ... dijo que tenía muchas ganas de ver... .

CARMEN: Si por casualidad ... ves de nuevo, di... que ... llame a la oficina. ... encantaría salir con ... .

RAQUEL: No ... preocupes. Así ... haré.

B TAREA

EJERCICIO B.1

En esta conversación telefónica tú eres Paco. Complétala utilizando en cada respuesta al menos un pronombre personal.

PEPE: ¿Está Paco?

PACO: (Dile que eres tú.) *Soy yo.*

PEPE: Hola, Paco. Soy Pepe. Te llamo porque me gustaría invitarte a comer mañana para discutir el proyecto.

PACO: (Dile que te parece bien y pregúntale dónde os veis.)

PEPE: Donde tú quieras. ¿Qué tal si vamos a «La Trucha»?

PACO: (Dile que a ti te conviene un restaurante cerca de tu casa. Explícale los motivos.)

PEPE: Bueno, dime un sitio entonces.

PACO: (Dile que te han recomendado el restaurante «Roma».)

PEPE: No lo conozco, pero me han hablado muy bien de él. ¿Dónde está?

PACO: (Dile que en la calle Asturias, nº 10, y pregúntale si le viene bien veros allí a las dos.)

PEPE: Sí, perfectamente, aunque tengo que estar de vuelta en mi oficina a las cuatro.

PACO: (Dile que el servicio es rápido pero que comunique a su secretaria dónde lo puede localizar.)

PEPE: Muy bien. Entonces nos vemos en el «Roma» a las dos.

PACO: (Dile que de acuerdo y despídete de él.)

EJERCICIO B.2

Eres profesor de español. Tus alumnos han cometido varios errores en el uso de los pronombres. Corrige los que están mal.

Ejemplo: *Me se* cayó el vaso.
***Se me** cayó el vaso.*

1. Hoy no puedo salir con *tú*.
2. El guardia *la* puso una multa.
3. Quiero *se* dedicar *ello* a mi profesor.
4. Trae ellas a *mí*.
5. Recuérda*melo*.
6. Pón*telo*, pón*selo*.
7. No hay secretos entre *nos*.
8. *Lo te* digo en serio.

EJERCICIO B.3

¿Qué deberías hacer? Utiliza formas pronominales en tus respuestas.

Ejemplo: Tienes las uñas demasiado largas.
Debería cortármelas.

1. Esas películas son muy interesantes.
2. Necesitan saber cuál es tu opinión.
3. El tornillo está flojo.
4. Tu amiga Cristina te pide un consejo.
5. Hace mucho frío y la ventana está abierta.
6. Alberto te ha prestado un libro, pero ahora lo necesita.

RECUERDA

En esta Unidad has aprendido que:

1. Los pronombres personales sustituyen a nombres o grupos nominales que representan personas, animales o cosas.

2. Tienen distinta forma según que su función sea la de sujeto de verbos, complemento de verbos o complemento preposicional.

3. Las formas de sujeto se usan para destacarlo, para evitar la ambigüedad, y también cuando no está presente el verbo o cuando el sujeto es múltiple y se quiere resaltar una persona gramatical.

4. Las formas complemento son átonas. Van generalmente delante del verbo, pero con el imperativo afirmativo, gerundio o infinitivo van pospuestas y unidas al verbo.

5. Las formas preposicionales se utilizan cuando el pronombre es complemento de una preposición.

COMPRUEBA

Explica las formas pronominales que aparecen destacadas en el texto «Vida sana».

Unidad 5
EL ADJETIVO

LEE

Fíjate en lo que está destacado en el texto.

ZARO

El pueblecito de Zaro es ***muy pequeño*** *y está asentado sobre una colina. Para llegar a él se pasa por un camino, en algunas partes* ***muy hondo,*** *en el cual los arbustos* ***frondosos*** *forman en verano un túnel.*

A la entrada de Zaro, como en otros pueblos ***vasco-franceses,*** *hay una* ***gran*** *cruz de madera,* ***muy alta,*** *pintada de rojo, con* ***diversos*** *atributos de la Pasión: un gallo, las tenazas, la lanza, unos clavos...*

En el vértice del cerro donde se asienta Zaro, en medio de una plaza, ***estrecha*** *y* ***larga,*** *se levanta un* ***inmenso*** *nogal* ***copudo,*** *con el* ***grueso*** *tronco rodeado por un banco de piedra.*

Una de las casas que forman la plaza es ***grande,*** *con pórtico* ***espacioso,*** *alero* ***avanzado,*** *y varias ventanas cubiertas con persianas verdes.*

En un extremo de la plazoleta se levanta la iglesia, ***pequeña, humilde,*** *con un atrio, su campanario y su tejadillo de pizarra.*

Rodeándola, sobre una tapia ***baja*** *se extiende el cementerio.*

En Zaro hay siempre un silencio ***absoluto,*** *casi únicamente interrumpido por la voz* ***cascada*** *del reloj de la iglesia, que da las horas de una manera* ***melancólica,*** *con un tañido de lloro.*

PÍO BAROJA. **Zalacaín el aventurero**

ESTUDIA

Los **adjetivos** son palabras que se refieren al nombre, bien para precisar su significado (**determinativos**, ver Unidad 6) o bien para completarlo, expresando alguna de sus cualidades o características **(calificativos)**:

- *Esa blusa* ***amarilla*** *tiene manchas.*
- *El profesor* ***japonés*** *llegará mañana.*

Los nombres *blusa* y *profesor* han sido modificados por medio de adjetivos que completan su significado: sabemos de qué color es la blusa y qué nacionalidad tiene el profesor. Es importante recordar que los **adjetivos calificativos** expresan siempre conceptos dependientes, relacionados con el nombre al que califican. Así, podemos decir:

- *Un* ***tren rápido*** *te llevará a Sevilla.*

Pero • **Una cordillera rápida te llevará a Sevilla.*

Los adjetivos que delimitan y concretan el sentido del sustantivo calificado se denominan **especificativos**; los que resaltan alguna de sus cualidades, **explicativos**, o **epítetos**, si la cualidad es inherente al nombre o está estrechamente vinculada a él:

- *Un vaso de leche* ***fresca****.* (Adjetivo especificativo)
- *Los* ***blancos*** *acantilados de Dover.* (Adjetivo explicativo)
- *Una flor* ***silvestre****.* (Adjetivo especificativo)
- *Una* ***posible*** *solución.* (Adjetivo explicativo)
- *Mi querido y* ***distinguido*** *amigo.* (Adjetivo explicativo)
- *Un ejercicio* ***estructural****.* (Adjetivo especificativo)

Una clase especial de adjetivos es la de los **derivados** de nombres *(familia > familiar; autonomía > autonómico)*, que a veces funcionan como calificativos y, en algunas ocasiones, como «**relacionales**» o clasificatorios. En este último caso, la relación con el significado del nombre del que se derivan es más directa:

- *Cuestión* ***marginal****.* (Adjetivo calificativo) = *Cuestión* ***no importante.***
- *Espacio* ***marginal****.* (Adjetivo relacional) = *Espacio* ***perteneciente al margen.***
- *Ruta* ***turística****.* (Adjetivo relacional) = *Ruta* ***de interés turístico.***
- *Crisis* ***turística****.* (Adjetivo relacional) = *Crisis* ***del turismo.***

Muchos de estos adjetivos derivados, sin embargo, sólo funcionan como «relacionales»:

- *Sección* ***informativa****.* = *Sección* ***relativa a la información.***
- *Política* ***lingüística****.* = *Política* ***relativa a la lengua.***
- *Trámites* ***aduaneros****.* = *Trámites* ***relativos a la aduana.***

A FORMA

1. Género

Igual que los nombres, los adjetivos pueden ser masculinos o femeninos:

- *Un sobre blanc**o**, una pared blanc**a**.*
- *Un hombre encantand**or**, una mujer encantador**a**.*

Pero muchos son invariables, es decir, tienen una única forma para el masculino y el femenino:

- *Un libro **interesante**, una idea **interesante**.*
- *Un bolígrafo **azul**, una camisa **azul**.*
- *Un chico **optimista**, una filosofía **optimista**.*
- *Un mundo **feliz**, una infancia **feliz**.*

Determinados adjetivos, como *grande, bueno, malo,* pierden la sílaba o vocal final cuando preceden inmediatamente al nombre, si va en singular, y en el caso de *bueno* y *malo* si es masculino.

- *Un **gran** edificio, una **gran** montaña.*
- *Un **buen** día, una **buena** idea.*
- *Un **mal** rato, una **mala** noticia.*

2. Número

Como los nombres, los adjetivos forman el plural añadiendo una *-s* al singular, o bien *-es* si termina en consonante:

- *Un libro **caro**, libros **caros**.*
- *Un caso **excepcional**, casos **excepcionales**.*

Algunos adjetivos que indican color son invariables siempre; otros lo son si están modificados por otro adjetivo:

- *Unas corbatas **granate**, unas blusas **turquesa**.*
- *Unos zapatos **azules**, unos zapatos **azul marino**.*

Los adjetivos compuestos sólo admiten variación de número en el segundo elemento:

- *Las condiciones socio-**económicas**.*
- *Los aspectos religioso-**culturales**.*

Si el adjetivo se refiere a dos o más nombres de género distinto, se emplea la forma del masculino plural:

- *Lleva una corbata y un traje **blancos**.*

B FUNCIÓN

El adjetivo califica al sustantivo de dos maneras

a) acompañándolo directamente:

- *Me gusta la cerveza **inglesa**.*

b) a través de un verbo:

- *Felipe está **cansado**.*
- *Los niños llegaron del colegio **hambrientos**.*

C COLOCACIÓN

1. El adjetivo va después del nombre, cuando expresa una cualidad o característica distintiva:

- *Viven en una casa **antigua** cerca de la playa.*

El adjetivo *antigua* delimita el significado del sustantivo *casa* diferenciándolo de otros, de una casa *moderna*, una casa *particular*, etc.

2. Delante del nombre, sirve para destacar alguna de sus cualidades o características:

- *Viven en una **antigua** y **espaciosa** casa cerca de la playa.*
- *Fue una **extraña** sensación que no sé cómo describir.*

En estos ejemplos, los adjetivos *antigua*, *espaciosa* y *extraña* también restringen el significado del nombre que les sigue, pero la intención del hablante no es especificadora o diferenciadora.

3. Los adjetivos «relacionales» siempre van después del nombre:

- *La programación **infantil**.*
- *La industria **azucarera**.*

4. El adjetivo va siempre antepuesto al nombre en ciertas combinaciones léxicas:

- *Una **mera** coincidencia.*
- *En **pleno** invierno.*
- *De **buena/mala** gana.*
- *Un cable de **alta** tensión.*
- *De **viva** voz.*
- *Un **simple** catarro.*

5. Otros cambian de significado según su posición:

- *Un **pobre** hombre* (desgraciado), *un hombre **pobre*** (sin dinero).
- *Una **nueva** casa* (recién comprada), *una casa **nueva*** (recién construida).

6. Cuando hay dos o más adjetivos, los explicativos preceden al nombre, los especificativos van detrás:

- *Una **fabulosa** realización **artística**.*
- *Un **simpático** e **inteligente** estudiante **polaco**.*

D GRADOS

Para expresar que la cualidad puede ser escasa, abundante, igual a otra, etc., el adjetivo posee tres grados de significación: **positivo**, **comparativo** y **superlativo**.

1. Positivo

Cuando el adjetivo expresa la cualidad sin ninguna modificación:

- *Una pulsera **preciosa**.*

2. Comparativo

Cuando la cualidad aparece comparada con la de otro nombre. Puede adoptar tres formas:

a) Comparativo de igualdad: *tan + como:*

- *Una maleta **tan** grande **como** la mía.*

b) Comparativo de inferioridad: *menos + que:*

- *Una maleta **menos** pesada **que** la mía.*

c) Comparativo de superioridad: *más + que:*

- *Un hombre **más** alto **que** yo.*

3. Superlativo

Cuando la cualidad se expresa en su grado máximo. Puede adoptar dos maneras:

a) Superlativo relativo: expresa la cualidad máxima de un objeto, pero relacionándolo con otros. Se contruye con *más/menos + de:*

- *El alumno **más** inteligente **de** todos.*
- *El vestido **menos** caro **de** la tienda.*

b) Superlativo absoluto: expresa cualidad máxima, independientemente de la de otros objetos. Se construye con *muy* o añadiendo *-ísimo* (*-érrimo,* en algunos casos) al adjetivo:

- *Un problema **muy** difícil.*
- *Un problema **dificilísimo**.*
- *Un personaje **muy** célebre.*
- *Un personaje **celebérrimo**.*

No pueden combinarse ambos procedimientos:

- **Un problema **muy dificilísimo**.*
- **Un personaje **muy celebérrimo**.*

Existen algunos adjetivos cuyas formas de comparativo y superlativo son irregulares:

Positivo	Comparativo	Superlativo
bueno	*mejor*	*óptimo*
malo	*peor*	*pésimo*
alto	*superior*	*supremo*
bajo	*inferior*	*ínfimo*

PRACTICA

A EXPLOTACIÓN

EJERCICIO A.1

Las palabras de las dos columnas son adjetivos y nombres. Emparéjalos teniendo en cuenta: a) que sus significados deben ser compatibles; b) que deben concordar en género y número; y c) que la colocación sea la correcta. Haz los ajustes necesarios.

Ejemplo: *bosques frondosos*

Adjetivos	Nombres
frondoso	butaca
genial	invierno
mero	regalos
cómodo	bosques
dulce	perros
feroz	noche
alto	ideas
fiel	miel
numeroso	lucha
oscuro	casualidad
pleno	costura

EJERCICIO A.2

Pon el adjetivo en la forma que corresponda.

Ejemplo: Llevaba la camisa y el pantalón (limpio).
*Llevaba la camisa y el pantalón **limpios**.*

1. ¡Qué (bonito) son esas flores!
2. Este libro y esta carta fueron (escrito) en el siglo pasado.
3. Han cortado los (viejo) árboles del parque.
4. Mi hermana es más (inteligente) que mi hermano.
5. Pon las tazas y los platos (sucio) en el lavaplatos.
6. Carmen es menos (alto) que su prima.
7. Me gustaría vivir en una (grande) ciudad.
8. No pudimos ir a la playa por el (malo) tiempo.
9. Se compró un sombrero y un traje (nuevo).

B TAREA

EJERCICIO B.1

Lee este diálogo. Luego decide si las afirmaciones que encuentras a continuación son verdaderas o falsas.

TOMÁS: Tengo una buena noticia que darte. ¿Sabes que mis padres acaban de comprarse una hermosa casa en el campo?

SARA: ¡No me digas!

TOMÁS: Pues, sí. Al principio me chocó, porque siempre les ha gustado vivir en la gran ciudad y nunca habían mostrado el menor interés por irse de aquí.

SARA: Y tú, ¿qué planes tienes? ¿Te vas a vivir con ellos?

TOMÁS: Por supuesto. Es una casa estupenda que ofrece muchas ventajas. Por ejemplo, mi nueva habitación es enorme, mucho más grande que la que tengo ahora y, además, puedo gozar de unas vistas impresionantes. Aparte de un enorme jardín, tenemos un patio trasero en el que podemos organizar fiestas, y una pequeña piscina climatizada que nos permitirá bañarnos también en pleno invierno.

SARA: ¡Menuda suerte tienes! Aunque, la verdad, yo prefiero las habitaciones pequeñas. Son más acogedoras. Oye, ¿y a ti te atrae vivir en pleno campo?

TOMÁS: No me importa, porque hay un buen servicio de autobuses con la universidad.

SARA: Bueno, a ver cuando me invitas a visitar ese maravilloso lugar...

¿Verdadero (V) o falso (F)?

1. La nueva casa de Tomás es estupenda.
2. Sara prefiere habitaciones pequeñas.
3. La nueva habitación de Tomás es espaciosa.
4. Tomás tiene grandes dificultades para trasladarse a la universidad.
5. Para Sara, las habitaciones pequeñas son más acogedoras.
6. Tomás no tiene el menor interés en vivir en el campo.
7. No se puede usar la piscina de la casa en pleno invierno.
8. El jardín de la casa es bastante pequeño.
9. En el patio trasero se pueden organizar fiestas.
10. A Sara le gustaría visitar la nueva casa de Tomás

Ejemplo: Tomás está contento. **(V)**

EJERCICIO B.2

Compara estas motos. Utliza adjetivos como: rápido, lento, barato, caro, aerodinámico, moderno, potente.

Ejemplo: *La Suzuki es* ***menos rápida*** *que la Honda, pero* ***más barata*** *que la Derbi.*

	SUZUKI	**HONDA**	**DERBI**
Potencia	750 cc	1000 cc	250 cc
Velocidad	300 kph	400 KPH	250 cc
Precio	1.200.000 ptas.	1.500.000 ptas.	850.000 ptas.

EJERCICIO B.3

El texto que tienes a continuación es parte de un artículo aparecido sobre el grupo de rock «Los elegantes». Se han deslizado unas erratas en los adjetivos. Corrígelos.

«Los elegantes» ofrecieron anoche en Granada su mejor concierto del año. La moderno formación que dirige Javier Ruiz entusiasmó a un público entregada que no dejó de aplaudir en todo momento. Las nuevo canciones que presentaron están recogidas en un álbum que se editará en los próximo meses. El peculiar estilo de «Los elegantes» se basa en una combinación de canción melódico y rock de los años sesenta.

Ahora escribe una comparación entre «Los elegantes» y tu grupo preferido.

EJERCICIO B.4

Establece comparaciones entre los miembros de la familia González teniendo en cuenta su edad, peso y altura. Utiliza adjetivos como: alto, bajo, flaco/delgado, gordo, viejo, joven, etc.

Ejemplo: *Pedro es* ***más alto*** *que Candelaria.*

Familia GONZÁLEZ

PEDRO
abuelo, 72 años 59 kg, 1,63 m

CARMEN
abuela, 70 años, 60 kg, 1,60 m

LUIS
padre, 51 años, 75 kg, 1,72 m

CANDELARIA
madre, 47 años, 55 kg, 1,65 m

FERNANDO
hijo, 20 años, 70 kg, 1,80 m

MARÍA
hija, 12 años, 35 kg, 1,10 m

RECUERDA

En esta Unidad has aprendido que:

1. Los adjetivos son palabras que precisan el significado del nombre, expresando las cualidades o características de las personas, animales o cosas que designan.

2. Igual que los nombres, los adjetivos pueden ser masculinos o femeninos, aunque muchos son invariables, es decir, tienen una sola forma para los dos géneros.

3. Igual que los nombres, los adjetivos forman el plural añadiendo una *-s* al singular, o bien *-es* si terminan en consonante.

4. Pueden ir situados delante o detrás del nombre, pero algunos exigen una posición fija.

5. Algunos adjetivos cambian su significado según vayan antes o después del nombre.

6. Mediante la variación de grado, el adjetivo puede modificar la cualidad que expresa, presentándola con mayor o menor intensidad.

7. Existen tres grados: positivo, comparativo (de igualdad, de inferioridad y de superioridad) y superlativo (absoluto y relativo).

COMPRUEBA

Lee de nuevo el texto «Zaro» y, teniendo en cuenta lo que se dice en el apartado **ESTUDIA**, explica todo lo concerniente a los adjetivos que allí aparecen.

Unidad 6

LOS DETERMINATIVOS

LEE

Fíjate en lo que está destacado en el texto.

LAS VACACIONES EN EL PUEBLO

En ***aquel*** *tiempo,* ***mis*** *abuelos vivían en un pequeño pueblo de la costa,* ***bastante*** *alejado de la capital. Había* ***muchas*** *personas* ***que*** *siempre pasaban allí las vacaciones de verano porque era muy tranquilo y acogedor.* ***Las que*** *lo visitaban por primera vez se quedaban prendadas de* ***su*** *belleza y de la amabilidad de* ***sus*** *habitantes,* ***que*** *jamás parecían molestos por la presencia, a veces perturbadora, de* ***tantos*** *forasteros durante la época estival. Cuando* ***alguien*** *se portaba de manera* ***poco*** *cortés o elegante,* ***ningún*** *vecino se molestaba por ello.* ***Todos*** *sabían que* ***aquélla*** *no era* ***su*** *forma habitual de comportamiento y que había que disculparlos si en* ***alguna*** *ocasión hacían* ***algo*** *censurable, impropio de gente civilizada.*

Las cosas, sin embargo, cambiaron de repente. Un buen día, ***varios*** *veraneantes* ***que*** *se encontraban tomando* ***unas*** *cervezas en la terraza de un bar* ***cualquiera*** *se negaron a pagar la cuenta* ***que*** *les presentó el camarero pues, según ellos,* ***aquélla*** *era excesiva.*

En vano trató ***éste*** *de convencerlos de lo contrario y de que, si no la pagaban, tendría que abonarla él de* ***su*** *bolsillo.* ***Algunos*** *días después, aparecieron de nuevo por el bar y se encontraron con un letrero* ***que*** *decía: RESERVADO EL DERECHO DE ADMISIÓN. A partir de* ***ese*** *momento, la actitud hacia los veraneantes empezó a ser distinta en* ***este*** *pueblo* ***que****, durante* ***bastantes*** *años les había dispensado un trato excepcional. Pero, ¿****qué*** *importa, si el sitio sigue siendo bonito y entrañable? ¿****Cuántos*** *han dejado de visitarlo por* ***eso****? Muy* ***pocos****, por no decir* ***ninguno****.*

ESTUDIA

Los **determinativos** son aquellas palabras que pueden funcionar como adjetivos o como pronombres y algunos también como adverbios: **demostrativos, posesivos, indefinidos, relativos, interrogativos** y **exclamativos.**

A DEMOSTRATIVOS

Los demostrativos indican proximidad o lejanía del referente (espacial o temporal) con respecto a las personas gramaticales *yo, tú, él,* etc.

1. Formas

Distancia del referente	Masculino	Femenino	Neutro
Próximo	este estos	esta estas	esto
Cerca	ese esos	esa esas	eso
Lejos	aquel aquellos	aquella aquellas	aquello

2. Función y usos

Con la excepción de *esto, eso* y *aquello*, que son siempre pronombres, los demostrativos se emplean como **adjetivos** o como **pronombres**. Cuando desempeñan la función pronominal, suelen escribirse con acento:

- *–¿Te gusta **este** cuadro?*
- *–No, prefiero **éste**.*

Se colocan generalmente antes del nombre y no pueden ir precedidos del artículo. Sin embargo ciertos demostrativos pueden posponerse y combinarse con el artículo:

- ***Aquélla** es mi casa.*
- ****La aquella** es mi casa.*
- *La muchacha **esa** es mi hermana.*
- *La casa **aquella** es mía.*

Esto, eso y *aquello* se usan para referirse a algo mencionado previamente, o algo cuyo nombre no se sabe o se ha olvidado:

- ***Eso** no me lo creo.*
- *Y **esto**, ¿qué es?*

USOS ESPECIALES

– Las distintas formas de *este* se utilizan para referirse a personas o cosas mencionadas en último lugar; las distintas formas de *aquel*, para referirse a la persona o cosa más alejadas:

- *Carlos y Vicente ya son por fin doctores, **éste** leyó la tesis hace unos días y **aquél**, el mes pasado.*

– La posposición de los demostrativos puede servir para subrayar distintos grados de ironía, afectividad, desprecio, etc.:

- *¡Qué país **este**!*
- *¡Qué playas **aquellas**!*
- *¿Qué se creerá el tipo **ese**?*

– En aposición con el nombre, para destacarlo:

- *Alguien abrió la puerta, momento **ese** que aproveché para marcharme.*

EXPRESIONES CORRIENTES

En esto (eso) = entonces, al llegar a este punto.
Eso es = de acuerdo.
Por eso = por esta (esa) razón.
¿Y eso? = ¿por qué razón?

B POSESIVOS

Indican posesión o pertenencia con respecto a las personas gramaticales.

1. Formas

	Un poseedor	Varios poseedores
Primera persona	mi, mío, mía mis, míos, mías	nuestro, nuestra nuestros, nuestras
Segunda persona	tu, tuyo, tuya tus, tuyos, tuyas	vuestro, vuestra vuestros, vuestras
Tercera persona	su, suyo, suya sus, suyos, suyas	

Algunos posesivos tienen dos formas, una **átona** y otra **tónica**: *mi/mío, tus/tuyos*, etc. La átona va delante del nombre, y la tónica detrás:

- *¿No es ése **tu gato**?*
- *Un **amigo mío** dice que en esos casos lo mejor es esperar.*
- *Ese **ordenador tuyo** es estupendo.*

Cuando funcionan como pronombres (es decir, cuando sustituyen al nombre y cuando están sustantivados por el artículo) adoptan la forma tónica:

- *Mi español aún no es bueno, pero el* ***tuyo*** *es magnífico.*

En español, los posesivos **concuerdan con el nombre**, no con el poseedor. Todos concuerdan en número y sólo los terminados en *-o* cambian de forma en femenino:

- *La propuesta es* ***mía****, pero la* ***tuya****, Alberto, es aún mejor.*
- ***Nuestras*** *esperanzas son muy grandes.*
- ***Tus*** *ideas al respecto parecen buenas.*
- *Todos* ***sus*** *primos y primas hablan español muy bien.*

Los posesivos de tercera persona pueden resultar ambiguos si el contexto no es suficiente para aclarar su significado. En este caso, puede añadirse *de él, de ella, de ellos, de ellas, de usted (-es),* o bien *de* seguido del nombre del poseedor:

- ***Su*** *amigo.* (de ella)
- *Esta casa también es* ***suya****.* (de Juan)

NOTA:

Desde el punto de vista del acento de frase, las formas *nuestro/a/os/as* y *vuestro/a/os/as* son átonas si preceden al nombre; tónicas si van detrás del nombre o funcionan como pronombres:

- *En nuestra situación, no podemos negarnos. Lo* ***nuestro*** [todo lo relacionado con nosotros] *se acabó.*

2. Función y usos

Los posesivos pueden funcionar

a) como **adjetivos** situados antes del nombre:

- ***Mi*** *casa está siempre abierta a* ***mis*** *amigos.*

b) como **adjetivos** situados después del nombre, por razones de énfasis, y en ciertas expresiones formularias o exclamativas:

- *Las razones* ***tuyas*** *no me interesan en este momento.*
- *No comprendo esa manía* ***suya*** *de querer ganar siempre.*
- *Unos amigos* ***nuestros*** *viven en Londres precisamente.*
- *Muy señor* ***mío/nuestro****.* (al comienzo de una carta)
- *¡Amor* ***mío****!, ¡Vida* ***mía****!*

c) como **pronombres**, en cuyo caso siempre van precedidos del artículo determinado correspondiente:

- *Mi trabajo es poco interesante comparado con* ***el tuyo****.*
- *Tu padre y* ***el mío*** *son amigos.*

d) en posición de atributo después del verbo *ser* como adjetivos o pronombres (formas tónicas en ambos casos), según que la intención del hablante sea clasificadora o identificadora:

- *Este libro es **tuyo**.*
- *Este libro es **el tuyo**.*

NOTA:

– *mi/mis, tu/tus, su/sus* siempre **preceden** al nombre;

– *mío, tuyo, suyo* y sus variaciones de género y número se colocan siempre **después** del nombre;

– *nuestro, vuestro* y sus variaciones de género y número pueden ir **antes** o **después** del nombre;

– Cuando a una persona la tratamos de *usted,* no empleamos los posesivos de segunda persona, sino los de la tercera:

- *¿Cómo está **su** familia, señor García?*

C INDEFINIDOS

Designan de una manera imprecisa las personas o cosas a las que se refieren.

1. Formas

Referencia sólo a personas	Referencia sólo a cosas	Referencia a personas y cosas
alguien nadie	algo nada	alguno, ninguno, cualquiera, uno, otro, todo, mucho, poco, demasiado, tanto, varios, bastante, cada

Alguien, nadie, algo, nada y *cada* son invariables.

El resto de los indefinidos concuerdan con las personas o cosas a las que se refieren. Según los casos, admiten variación de género y número, variación sólo de género, o variación sólo de número:

Género y número	Género	Número
un, alguno, mucho, otro, todo, demasiado, poco, tanto	ninguno, varios	bastante, cualquiera

- *¡Has preparado **demasiada** sangría y **demasiados** bocadillos!*
- *Lo he comprado en **varias** ocasiones.*
- *Me he equivocado **bastantes** veces en mi vida.*

Cuando van seguidos de un nombre masculino singular, *alguno, ninguno, uno* y *cualquiera* pierden la vocal final. Este último también la pierde ante un nombre femenino singular:

- ***Algún*** *día lo comprenderás.*
- *No tengo* ***ningún*** *amigo en esa ciudad.*
- *Recibirás la carta en* ***cualquier*** *momento.*
- ***Cualquier*** *respuesta es válida.*

2. Función y usos

La mayoría de los indefinidos pueden tener tanto función de **adjetivos** como de **pronombres.**

Sin embargo, *alguien, nadie, algo* y *nada* no pueden ser adjetivos. Son pronombres que no expresan un concepto determinado:

- *Puedes hacer lo que quieras.* ***Nadie*** *te lo impedirá.*
- ***Algo*** *está a punto de ocurrir, ¿no crees?*

NOTA:

Algo y *nada* pueden ser también adverbios, lo mismo que *tanto, mucho, poco, demasiado* y *bastante.* Estos últimos, cuando funcionan como adverbios, son invariables:

- *Hoy me encuentro* ***algo*** (un poco) *mejor.*
- *La película que vimos no me gustó* ***nada.*** (en absoluto)
- *Te quiero* ***mucho.***
- *Hemos comido* ***demasiado.***

Todos, todas, en función de adjetivo y delante de un nombre en plural, se construye con *los, las*, excepto en frases preposicionales:

- ***Todos los*** *hombres son iguales.*
- *Me levanto* ***todas las*** *mañanas a las ocho.*
- *De* ***todas*** *formas, a* ***todas*** *horas.*

Cualquiera, precedido de un nombre, indica elección al azar:

- *Deme un periódico* ***cualquiera.***

Nadie, nada y *ninguno* pueden ir colocados delante o detrás del verbo. En este segundo caso, más frecuente, se combina con la partícula negativa *no*:

- *¿**Nadie** me ha llamado? ¿Seguro,* ***no*** *me ha llamado* ***nadie****?*
- ***Nada*** *sabemos del origen de esta enfermedad.* ***No*** *sabemos* ***nada.***
- *¿Bolsos de verano?* ***No*** *hemos recibido* ***ninguno*** *todavía.*
- ***No*** *tengo* ***ningún*** *libro sobre este tema.*

Los indefinidos se pueden clasificar en: **cuantitativos** e **indefinidos propiamente dichos.** Los primeros designan el número de forma indeterminada:

- ***Algunos*** *participantes marcharán mañana.*
- *Han faltado* ***bastantes*** *a clase.*

Los indefinidos propiamente dichos no se refieren al número o a la cantidad de los seres designados, sino a su identidad:

- ***Cualquier*** *persona lo comprendería.*
- *Espero que hoy me digan* ***algo****.*

D RELATIVOS

Se refieren a una persona o cosa ya mencionada, que se llama antecedente.

1. Formas

Singular	que	cual	quien	cuyo cuya	cuanto cuanta
Plural		cuales	quienes	cuyos cuyas	cuantos cuantas

Que, cual, cuales, pueden ir precedidos del artículo: *el/la/lo que; los/las que; el /la/lo cual; los/las cuales.*

2. Función y usos

La función pronominal de los relativos es muy distinta de la de los otros determinativos, porque, además de sustituir a un grupo nominal, sirven para unir oraciones llamadas adjetivas o de relativo (ver Unidad 16). El antecedente del relativo puede aparecer de forma expresa o implícita:

- *El hombre* ***que*** *toca la guitarra.*
- ***El que*** *toca la guitarra.*

Que es el relativo de uso más generalizado. Siempre lleva antecedente, explícito o implícito:

- *¿Cómo se llama el río* ***que*** *pasa por Madrid?*
- *¿Y* ***el que*** *pasa por París?* (antecedente implícito = el río)
- *¡Salve, César,* ***los que*** *van a morir te saludan!* (antecedente implícito = los gladiadores)
- *Este vino es* ***el que*** *anuncian en la tele.* (antecedente implícito y explícito = el vino)

Puede ir precedido de preposición, con o sin artículo. En estos casos, es menos arriesgado para un extranjero usar siempre el artículo:

- *Ésta es la casa* ***en la que/en que*** *nació Cervantes.*
- *La primera dificultad* ***con la que/con que*** *nos tropezamos es que no hay ascensor.*
- *Con esa esperanza es* ***con la que*** *vive.* (artículo obligatorio)

Cual, cuales siempre van precedidos de un antecedente expreso, de persona, animal o cosa:

- *Tiene un enorme perro danés,* ***el cual****, además de cuidarle la casa, le hace compañía.*

Como relativos, se sustituyen generalmente por *que.*

NOTA:

Cual, sin artículo, solamente se usa en frases comparativas con el sentido de «como»:

- *Cedió el asiento a la señora* ***cual*** *corresponde a un caballero.*
- *Los invitados se lanzaron a la comida* ***cual*** *lobos hambrientos.*

Quien, quienes, pueden sustituir a un antecedente implícito de persona:

- ***Quien*** *mal anda mal acaba.*
- *Comprendo a* ***quienes*** *rechazan esas medidas tan severas.*

Suelen sustituirse por *el, la que/los, las que,* pero en ciertas construcciones con **haber** y **tener** su uso es obligatorio:

- *Hay* ***quien*** *opina todo lo contrario.*
- *La pobre mujer no tiene a* ***quien*** *recurrir para salir del apuro.*

Cuanto, cuanta, cuantos, cuantas, suelen sustituirse por «todo lo que», «toda la que», «todos los que», «todas las que». Seguidos de un nombre funcionan como adjetivos:

- *Tomé buena nota de* ***cuanto*** *dijo en el discurso inaugural.* (= todo lo que)
- *Abandonaron la isla* ***cuantos*** *pudieron escapar.* (= todos los que)
- *Iré* ***cuantas*** *veces sea necesario.* (= todas las veces que)

Cuyo/a, cuyos/as sólo funcionan como adjetivos. Sirven para indicar posesión y concuerdan con la cosa poseída. Se usan poco en el lenguaje hablado:

- *La parte antigua de la ciudad,* ***cuyas*** *murallas aún se conservan, está cerrada al tráfico.*
- *El escritor, de* ***cuyo*** *libro te hablé, vive en Madrid.*

E INTERROGATIVOS Y EXCLAMATIVOS

1. Formas

Las formas de los interrogativos son las mismas que las de los relativos (excepto *cuyo*):

Singular	qué	cuál	quién	cuánto, cuánta
Plural	qué	cuáles	quiénes	cuántos, cuántas

A estas formas hay que añadir los interrogativos *cómo*, *dónde* y *cuándo*, que son invariables.

- *¿**Qué** películas viste últimamente?*
- *Aquí están las postales. ¿**Cuáles** quiere?*
- *¿**Dónde** irá? ¿**Cuándo**? ¿**Cómo**?*

Qué, quién, cuánto/a/os/as pueden ser también exclamativos. Tanto éstos como los interrogativos llevan **siempre** acento ortográfico, aunque la oración no vaya entre signos de interrogación o de admiración:

- *Dime **qué** te ocurre.*
- *No sabes **cuánta** gente entra en este bar.*

2. Función y usos

Los **interrogativos**, a diferencia de los indefinidos, se utilizan para eliminar imprecisiones. Por eso aparecen en oraciones interrogativas, y de ahí su nombre:

- *¿**Cuántos** invitados vienen a cenar?*
- *Cuéntale **qué** compraste.*

Cuál/cuáles y *quién/quiénes* sólo se usan como pronombres:

- *¿**Cuál** de éstos te gusta más?*
- *¿**Quién** fue el primer hombre que llegó a la Luna?*

Qué, cuánto/cuánta/cuántos/cuántas pueden tener función de adjetivos o de pronombres:

- *¿**Qué** hiciste ayer?*
- *¿**Cuántos** caramelos has comido?*
- *Dime la verdad. ¿**Cuántos** han sido?*

Los **exclamativos** se usan en oraciones exclamativas y sirven para expresar nuestros sentimientos en relación con un objeto, un hecho o un fenómeno determinado. *Qué* y *quién* funcionan únicamente como adjetivos:

- *¡**Quién** tuviera alas para llegar antes!* (Deseo irrealizable)
- *¡**Qué** actor! Es mi preferido.* (Admiración)
- *¡**Cuántos** años perdidos!* (Tristeza, resignación)
- *No te imaginas **cuánto** nos hemos divertido.* (Admiración)

PRACTICA

A EXPLOTACIÓN

EJERCICIO A.1

Sustituye las palabras destacadas a continuación por el mismo determinativo en función de pronombre.

Ejemplo: *Mi coche* se vende.
El mío *se vende.*

1. *Estos cuadros* y *aquellos tapices* habrá que venderlos.
2. *Algunos muchachos* subieron al monte.
3. A *nuestra hermana* le gustan los bombones.
4. *Ese jardín* es muy bonito.
5. Ya he bebido *bastante vino*.
6. *Tus ojos* son azules.
7. *Estos cigarrillos* son americanos.
8. No ha llegado *ninguna carta* hasta ahora.
9. Me gusta *ese actor.*
10. *¿Cuántos hermanos* tienes?

EJERCICIO A.2

En los siguientes ejemplos, elige la forma correcta.

Ejemplo: El coche más rápido *es el mío/mi.*
El coche más rápido es ***el mío****.*

1. Aquellos son *sus/suyos* hijos.
2. *Aquello/Aquel* hombre es carpintero.
3. *¿Quién/Qué* obra de teatro prefieres ver?
4. He encontrado la cartera *que/cuya* me robaron.
5. *Alguien/Algún* nos dijo que *esto/ésta* sucedería.
6. Visitamos muchos monumentos, *alguno de los cuales/alguno de los cuyos* era francamente interesante.
7. Considero que *tu/tuya* opinión es muy valiosa.
8. Esto no es *lo que/que* yo esperaba de ti.
9. *Cualquiera/Cualquier* guardia podrá indicarte la dirección.
10. En el examen entran *demasiados/demasiadas* temas.

TAREA

EJERCICIO B.1

Un amigo tuyo tiene un ordenador que no posee acento ortográfico. Te pide que le escribas correctamente las frases siguientes y, como no sabe mucho español, quiere que le ayudes a poner los acentos donde sea necesario.

1. ¿De quien es la carta que te dieron para mi?
2. No supe que decirle a aquel hombre.
3. ¡Que calor hace hoy!
4. Que eso te iba a ocurrir, ya me lo imaginaba.
5. ¡Cuantos compañeros te admiran!
6. Me han dado esto para ti.
7. Esa estrella es Marte y aquella, Mercurio.
8. Fue Fernando quien propuso algun remedio.
9. De todos los anillos, me quedo con este.
10. No esperaba eso de ti.

EJERCICIO B.2

En los siguientes minidiálogos, completa lo que dice el personaje A, comenzando la frase con un pronombre interrogativo.

A: *¿Qué te pasa?*
B: Nada, no me pasa nada. Solo que me duele un poco la cabeza.
A: ...
B: Mi vecino. Se llama Luis.
A: ...
B: Unas 130.000 pesetas al mes. Ya sabes que lo que gana un funcionario no es mucho.
A: ...
B: Vivo en Madrid.
A: ...
B: Ricardo, ¿y tú?
A: ...
B: Ayer, en el avión de las 14.50, pero ya tengo ganas de regresar.
A: ...
B: Prefiero éstas, por supuesto.
A: ...
B: Ayer cumplí 17, pero el cumpleaños lo celebro el sábado.

EJERCICIO B.3

Lee el siguiente texto y haz preguntas que den las respuestas destacadas, como en el ejemplo.

Ejemplo: ***los jueves por la tarde***
¿Cuándo se ven Loli y Toñi?

Loli y su amiga Toñi se ven ***los jueves por la tarde*** (1) para ir al cine o, cuando les sobra un poco de dinero, ***para ir de compras*** (2). A las dos les encanta ***ver escaparates*** (3) y, a veces, pasan ***horas y horas*** (4) probándose trapos[1] antes de decidirse a comprar algo. Esta tarde ***van a ver una película*** (5) que estrenan[2] en el Real Cinema, pero primero han entrado ***en una tienda*** (6) que está de rebajas[3] porque ***a Toñi*** (7) se le ha antojado[4] comprar ***unos zapatos de charol*** (8) que, aunque ya no se llevan[5], a ella le hace mucha ilusión[6] ***tenerlos*** (9).

---

[1] prendas de vestir *(fam).*
[2] ponen, echan por primera vez.
[3] vende a precios inferiores a los normales.
[4] tiene el capricho, desea vivamente.
[5] no están de moda.
[6] le produce alegría.

EJERCICIO B.4

Completa el siguiente diálogo entre Toñi, María y el dependiente de una zapatería.

TOÑI: *(Frente al escaparate de la zapatería.)* ¡Qué zapatos tan bonitos! No sé si tengo tiempo de comprármelos... ¿Qué hora es?
MARÍA: Las cinco menos veinte. Aún tenemos tiempo porque la película empieza a las cinco y media.
DEPENDIENTE: Buenas tardes, ¿...?
TOÑI: Quería probarme esos zapatos.
DEPENDIENTE: ¿...?
TOÑI: El seis, pero sáqueme también el cinco, por si acaso.
DEPENDIENTE: ¿...?
TOÑI: Bien, pero quizás son un poco grandes. Voy a probarme los otros. ¡Huy, qué va! Son muy estrechos y me hacen daño.
DEPENDIENTE: ¿...?
TOÑI: Aquí, en el dedo pequeño. Me llevo éstos. ¿...?
DEPENDIENTE: 10.000 pesetas.

EJERCICIO B.5

«Tu ciudad soñada». A continuación, tienes un texto en el que alguien expresa el deseo de visitar la ciudad de Ávila. Léelo y escribe un texto similar sobre alguna ciudad que a ti te gustaría visitar. Utiliza al menos diez determinativos.

¡Cuántas veces he soñado con ir a Ávila! Hace poco, los padres de mi amigo Ignacio, estuvieron allí. Se alojaron en el Parador Nacional, ese que es tan famoso por su cocina y su situación privilegiada, desde la que se pueden ver bastante bien las murallas medievales. Me contaron cómo cualquiera puede adentrarse en la parte antigua y admirar sus numerosos monumentos. ¡Qué envidia! ¿Cuánto tendré que esperar para poder hacerlo yo? Me gustaría mucho acercarme a su catedral y disfrutar de su arte. El problema es que el viaje resulta bastante caro, pero sé que algún día lo haré.

EJERCICIO B.6

La siguiente muestra incluye algunas expresiones utilizadas por los jóvenes de hoy. Como ves, los determinativos se usan con mucha frecuencia, pero ¿podrías decir si son pronombres o adjetivos y qué clase de determinativos son?

TERE: Mañana llega **mi** tío de Venezuela. Viene con **su** mujer y **sus** hijos.

PEPE: Justo cuando **mis** padres se van de vacaciones. ¡**Qué** casualidad!

TERE: **Eso** está bien, tío. Así os quedaréis solos y podrás divertirte.

PEPE: ¿Con **mis** hermanos, **que** son unos muermos?[1] ¡**Qué** va! ¿**Qué** tal son tus primos, los de Venezuela?

TERE: Estupendos, les va mucho la marcha[2]. Emilio, el **que** estudia medicina, me dijo que está dispuesto a salir **todas** las noches.

PEPE: Ya veo que ése sí sabe montárselo bien[3].

TERE: Desde luego. Además, como es un cachondo mental[4], los amigos lo pasan bomba[5] con él. Ya te lo presentaré.

PEPE: ¡Magnífico! Dile que cuente conmigo. Conozco **bastantes** sitios que le van a gustar.

---

[1] personas aburridas, sosas.
[2] les gusta divertirse.
[3] organizarse para pasarlo bien.
[4] extrovertido, alegre, jovial.
[5] lo pasan muy bien, se divierten mucho.

RECUERDA

En esta Unidad has aprendido que:

1. Los determinativos son palabras que pueden funcionar como adjetivos o como pronombres.

2. Los demostrativos sirven para situar al nombre en un lugar de mayor o menor proximidad con respecto a la persona que los emplea.

3. Los posesivos establecen una relación de propiedad con respecto a las personas gramaticales.

4. Los indefinidos indican la cantidad con que aparece el nombre, pero sin precisarla exactamente.

5. Los relativos repiten el significado de una palabra o palabras citadas anteriormente.

6. Los interrogativos y exclamativos introducen oraciones con sentido de pregunta o exclamación.

COMPRUEBA

Explica los determinativos destacados en el texto «Las vacaciones en el pueblo».

Unidad 7

EL VERBO: EL INDICATIVO. Formas simples

LEE

Fíjate en lo que está destacado en el texto.

ESTA NOCHE SERÁ ELEGIDA LA REINA DE LAS FIESTAS DE PUNTALLANA

El municipio de Puntallana ***celebra*** *desde el pasado lunes las fiestas patronales en honor de San Juan Bautista, que* ***se prolongarán*** *hasta el próximo 24 de junio ofreciendo un rosario de interesantes actos culturales, que* ***culminan*** *en la celebración de la tradicional fiesta de arte y un concierto de bandas de música, a los que* ***se suman*** *las verbenas populares y las esperadas carreras de caballos.*

Las fiestas ***comenzaron*** *el pasado lunes con una conferencia acerca de las «Opciones de estudios universitarios», en la que* ***intervinieron*** *dos importantes autoridades educativas del Gobierno de Canarias.*

El pasado jueves ***se presentó*** *el carro alegórico «La Nave de la Esperanza», en una adaptación infantil interpretada por los alumnos del colegio Adamancias, de El Paso. Ayer, viernes,* ***volvió*** *el teatro como centro de la fiesta, con la actuación del grupo teatral «Atavara», dentro del festival infantil, en el que* ***habrá*** *otras intervenciones.*

Mañana, domingo, ***se celebrará*** *una fiesta homenaje a la tercera edad en la que* ***actuarán*** *«Las viejas solteronas» y «Los verseadores» de Tijarafe. A las ocho y media, los conocidos caballos «Rayo» y «Mercedes Olvido»* ***se enfrentarán*** *en una carrera. Finalmente, por la noche, a las 21 horas,* ***se inaugurarán*** *sendas exposiciones de pintura y fotografía que prometen ser muy interesantes.*

Diario de Avisos (Santa Cruz de Tenerife), 20/6/92. (Adaptación)

ESTUDIA

La oración está constituida por **un grupo nominal** (sujeto) y **un grupo verbal** (predicado). El verbo es el **núcleo** del grupo verbal que expresa el proceso, es decir, la acción que realiza o padece el sujeto, su estado, o la relación entre el sujeto y el atributo:

- *Aquella chica tan estudiosa* ***aprobó*** *los exámenes finales.*
- *El acusado* ***fue declarado*** *inocente.*
- *Estas plantas* ***crecen*** *muy de prisa.*
- *Mi profesora de español* ***es*** *simpática.*

En cuanto a la forma, el verbo consta de una **raíz**[1], que contiene el significado léxico, y de una **terminación**, que aporta información gramatical:

- ***Estudi****ábamos*: *estudi* = raíz; *ábamos* = terminación

En este ejemplo, *ábamos* indica persona (primera), número (plural), tiempo (pretérito imperfecto), aspecto (imperfectivo), modo (indicativo) y voz (activa).

La **voz** indica si el sujeto es el que realiza o recibe la acción, el **modo** expresa la actitud del hablante frente a lo expresado por el verbo, el **tiempo** señala el momento en que se realiza la acción verbal, el **aspecto** tiene que ver con la manera en que ésta ocurre y, finalmente, cada tiempo del verbo se compone de seis formas que se corresponden con las tres **personas** gramaticales del **número** singular y con las tres del plural.

El verbo es la palabra que más variaciones presenta y el conjunto de todas las formas verbales posibles se llama **conjugación**. Ésta puede ser de tres tipos:

Primera conjugación: verbos cuyo infinitivo termina en ***-ar***.
Segunda conjugación: verbos cuyo infinitivo termina en ***-er***.
Tercera conjugación: verbos cuyo infinitivo termina en ***-ir***.

Según la conjugación a que pertenezcan, los verbos se dividen en **regulares**, **irregulares** (si sufren alguna alteración en la raíz, en la terminación o en ambas a la vez), **defectivos** (si no se usan en todas las formas), **unipersonales** (los que solamente se usan en infinitivo y en la tercera persona del singular) y **auxiliares** (que sirven para la formación de los tiempos compuestos y de la voz pasiva).

NOTA:

En español todos los verbos se enuncian en infinitivo.

---

[1] La raíz es lo que queda del verbo después de quitarle la terminación del infinitivo. Los verbos *ir* y *ser* tienen más de una raíz. Ver conjugación en el Apéndice.

Como sucede con el nombre y el adjetivo, el significado de los verbos es el que les permite combinarse con otras palabras para formar oraciones posibles:

- *Juana* ***paseó*** *por el campo.*

Pero no

- **La casa* ***paseó*** *por el campo.*

Cualquiera que sea su significado, éste puede situarse en el **presente**, en el **pasado** y en el **futuro**:

- *Mi amigo Juan Carlos* ***canta*** *muy bien.*
- *Plácido Domingo* ***cantó*** *en el Liceo.*
- *La coral universitaria* ***cantará*** *canciones medievales.*

Por otra parte, como ya hemos dicho, los hablantes se sirven de los verbos para manifestar su punto de vista con respecto a lo que dicen o hacen **(modo)**. Si el hablante piensa en la acción del verbo como un **fenómeno real**, la expresa en **indicativo**:

- ***Voy*** *al cine;* ***volveré*** *a las diez.*

Si piensa en esa acción como un **fenómeno no real**, la expresa en **subjuntivo**:

- *¡Ojalá (que) no* ***venga****!*

Si el hablante quiere manifestar un **ruego** o una **orden**, empleará el **imperativo**:

- *¡****Abre*** *la ventana, por favor!*
- ***No vayas*** *muy de prisa.*
- ***Permítame*** *usted que le acompañe.*
- ***Venid/Vengan*** *conmigo.*

NOTA:

En este manual solamente hacemos aquí referencia al imperativo por considerar que su uso no presenta mayores dificultades. Recuérdese, sin embargo, que 1) sólo tiene dos formas propias: de segunda persona del singular y segunda persona del plural; 2) para las restantes personas y para la negación se usan las formas del presente de subjuntivo; 3) en la segunda persona del plural pierde la *-d* final si le sigue el pronombre *os: sentaos.*

El significado del verbo se amplía o modifica mediante **complementos**, que pueden ser **directos**, **indirectos** o **circunstanciales**:

- *El gobierno ha devaluado* ***la peseta****.* (Directo)
- *Compré un regalo* ***a mi novia****.* (Indirecto)
- *Vimos esa película* ***en la tele****.* (Circunstancial)

Finalmente, hay algunas formas del verbo que por sí mismas no indican ninguna persona gramatical en concreto, ni expresan el tiempo en que ocurre la acción. Estas formas son el **infinitivo**, el **gerundio** y el **participio**:

- *Primero* ***vivir****, después* ***filosofar****.*
- ***Cantando*** *bajo la lluvia.*
- *He, has, ha, hemos, etc.,* ***terminado****.*

En las variaciones que puede experimentar un verbo existen dos formas: las **simples** y las **compuestas**. Éstas se diferencian de las primeras porque llevan el verbo *haber*. La correspondencia entre las formas simples y las compuestas es la siguiente:

FORMAS SIMPLES	FORMAS COMPUESTAS
Presente	**Pretérito perfecto compuesto**
paseo	he paseado
Pretérito indefinido	**Pretérito anterior**
paseé	hube paseado
Pretérito imperfecto	**Pretérito pluscuamperfecto**
paseaba	había paseado
Futuro	**Futuro perfecto**
pasearé	habré paseado
Condicional	**Condicional perfecto**
pasearía	habría paseado

A PRESENTE

1. Formación

Según que el infinitivo termine en *-ar, -er* o *-ir,* añadiéndole a la raíz las siguientes terminaciones:

		tom*ar*	**com*er***	**viv*ir***
Singular	**Primera persona**	tom **-o**	com **-o**	viv **-o**
	Segunda persona	tom **-as**	com **-es**	viv **-es**
	Tercera persona	tom **-a**	com **-e**	viv **-e**
Plural	**Primera persona**	tom **-amos**	com **-emos**	viv **-imos**
	Segunda persona	tom **-áis**	com **-éis**	viv **-ís**
	Tercera persona	tom **-an**	com **-en**	viv **-en**

IRREGULARIDADES: Es importante recordar que la mayor parte de los verbos sufre modificaciones en la raíz cuando se conjugan: *contar: o > ue cuento, cuentas, cuenta, contamos, contáis, cuentan*
querer: e > ie quiero, quieres, quiere, queremos, queréis, quieren
Ver Apéndice para más información.

2. Usos

a) Expresa algo que se tiene por cierto en todo momento:

- *El agua **es** un líquido.*
- *Los perros **ladran**.*

b) Expresa lo que ocurre en el momento de hablar:

- *¿Te **gusta** la música clásica?*
- *No **comprendo** lo que dices.*

c) Indica que la acción sucede de una manera habitual, sin que necesariamente coincida con el acto de habla:

- *Normalmente, me **levanto** a las ocho.*
- *Mi padre **trabaja** en un banco.*

d) Acerca metafóricamente al momento presente hechos ocurridos en el pasado, y también se usa obligatoriamente con *por poco..., casi...,* para referirse a las consecuencias que podía haber tenido un hecho que ya ha tenido lugar:

- *El 21 de junio de 1988 España **ingresa** en el Centro Europeo de Investigación Nuclear.*
- *Tropecé con una silla y por poco me **caigo**.*
- *No sabía nadar y casi se **ahoga**.*

e) Indica que algo comenzado en el pasado continúa en el momento actual. Este uso es frecuente con *desde, desde ... hace, desde que, hace ... que*, y con el verbo *llevar:*

- *Nos **conocemos** desde hace tiempo.*
- *Hace mucho que no la **veo**.*
- ***Llevo** dos horas intentando arreglar el asunto.*

f) Señala algo que tendrá lugar en un futuro próximo:

- ***Vuelvo** en seguida, no **tardo**.*
- *El próximo jueves **tengo** un examen de matemáticas.*

g) En preguntas, para pedir permiso o la opinión de alguien con respecto a una acción futura que afecta a la persona que habla:

- *¿**Abro** la ventana?*
- *¿Qué **hacemos**, nos **quedamos** o nos **vamos**?*

h) Expresa acciones hipotéticas en oraciones introducidas por *si* y en la oración principal correspondiente:

- *Si **viene** Pedro, lo **llevamos** de excursión con nosotros.*

i) Con valor de pasado en *ya digo* (por *ya dije* o *ya he dicho*):

- *Esto, ya **digo**, no tiene mayor importancia.*

B PRETÉRITO INDEFINIDO

1. Formación

Añadiendo a la raíz del verbo las siguientes terminaciones:

		tom*ar*	com*er*	viv*ir*
Singular	Primera persona	tom **-é**	com **-í**	viv **-í**
	Segunda persona	tom **-aste**	com **-iste**	viv **-iste**
	Tercera persona	tom **-ó**	com **-ió**	viv **-ió**
Plural	Primera persona	tom **-amos**	com **-imos**	viv **-imos**
	Segunda persona	tom **-asteis**	com **-isteis**	viv **-isteis**
	Tercera persona	tom **-aron**	com **-ieron**	viv **-ieron**

IRREGULARIDADES: Ver Apéndice.

2. Usos

a) El pretérito indefinido expresa acciones terminadas en un momento pasado, independientemente de su duración:

- *Anoche **dormí** tres horas solamente.*
- *Con los años, **comprendí** que es preferible decir siempre la verdad.*

b) En una narración, expresa acciones sucesivas en el pasado, que pueden terminar o no terminar en el momento de ejecutarse:

*Cuando me **desperté**, el reloj del Ayuntamiento daba las siete. **Pensé** que todavía era muy temprano para levantarme, pero como tenía muchas cosas que hacer **decidí** aprovechar la mañana. Rápidamente me **puse** en pie, me **di** una ducha y **bajé** a desayunar. **Salí** de casa poco después y me **dirigí** al Banco Central para solicitar un préstamo. Allí **rellené** un impreso que me **dieron** y, después de firmarlo, lo **entregué** al empleado correspondiente.*

c) Hace resaltar el comienzo de una acción, en el caso de los verbos *conocer, poder, querer, saber* y *tener:*

- *La **conocí** en París.*
- *Por fin **pudo** abrir la puerta.*
- *Cuando **quise** venir, ya no había billetes.*
- ***Supe** que ibas a Londres porque me lo dijo Rafael.*
- *Lidia **tuvo** un niño hace apenas un mes.*

C IMPERFECTO

1. Formación

Añadiendo a la raíz del verbo las siguientes terminaciones:

		tom*ar*	com*er*	viv*ir*
Singular	**Primera persona**	tom **-aba**	com **-ía**	viv **-ía**
	Segunda persona	tom **-abas**	com **-ías**	viv **-ías**
	Tercera persona	tom **-aba**	com **-ía**	viv **-ía**
Plural	**Primera persona**	tom **-ábamos**	com **-íamos**	viv **-íamos**
	Segunda persona	tom **-abais**	com **-íais**	viv **-íais**
	Tercera persona	tom **-aban**	com **-ían**	viv **-ían**

IRREGULARIDADES: Ver Apéndice.

2. Usos

a) Indica estados o acciones cuya duración en el pasado es indeterminada:

- ***Era*** *muy difícil impedirlo.*
- *De niño,* ***cantaba*** *muy bien.*

b) Dentro de un contexto narrativo, para describir estados o acciones en el pasado:

Juan ***estaba*** *triste aquella tarde y no* ***tenía*** *ganas de salir. Sus amigos, sin embargo,* ***querían*** *ir al cine, y mientras* ***intentaban*** *convencerlo para que los acompañase, sonó el teléfono.* ***Era*** *Malú, su novia, que* ***llamaba*** *desde Holanda. Después de hablar con ella, cambió de opinión y aceptó la invitación.*

c) Expresa acciones inacabadas que se repiten con frecuencia o regularidad en el pasado:

- *Todas las mañanas* ***leía*** *la prensa antes de desayunar.*

d) En lugar del presente de indicativo, para mostrar amabilidad o deferencia:

- ***Quería*** *hacer una pregunta, si se me permite.*
- *¿****Deseaba*** *usted ver algo, caballero?*

e) Se usa con frecuencia en lugar del condicional:

- *Dijo que* ***venía*** *sin falta.*

f) Cuando se cita a personajes célebres:

- *Como* ***decía*** *Oscar Wilde: «El progreso es la realización de las utopías».*

D FUTURO

1. Formación

Añadiendo al infinitivo las siguientes terminaciones:

		tom*ar*	**com*er***	**viv*ir***
Singular	**Primera persona**	tomar **-é**	comer **-é**	vivir **-é**
	Segunda persona	tomar **-ás**	comer **-ás**	vivir **-ás**
	Tercera persona	tomar **-á**	comer **-á**	vivir **-á**
Plural	**Primera persona**	tomar **-emos**	comer **-emos**	vivir **-emos**
	Segunda persona	tomar **-éis**	comer **-éis**	vivir **-éis**
	Tercera persona	tomar **-án**	comer **-án**	vivir **-án**

IRREGULARIDADES: Ver Apéndice.

2. Usos

a) Para expresar lo que será cierto o probable en un momento posterior al momento de hablar:

- *La función* ***comenzará*** *a las ocho en punto.*
- *El año próximo* ***será*** *bisiesto.*
- ***Habrá*** *nieblas matinales, pero los cielos* ***estarán*** *despejados por la tarde.*

b) Para expresar intencionalidad con respecto a algo que aún no ha sucedido:

- *Te* ***escribiré*** *todos los días.*
- ***Haré*** *lo que quieras tú.*

c) En interrogaciones, para expresar inseguridad o cortesía con respecto a acciones que aún no han tenido lugar:

- *¿**Llamaré** a Pedro para invitarlo?*
- *¿**Tomará** usted postre, señor?*

d) Para expresar conjetura, suposición o reserva referidas al momento en que se habla:

- *No le veo la cara, ¿quién* ***será****?*
- *¿Dónde* ***estará*** *mi carro?*
- *Este pueblo* ***tendrá*** *unos 20.000 habitantes.*
- ***Estudiará*** *mucho, pero las notas que saca son malas.*

e) Ocasionalmente, para expresar un ruego o mandato que se espera será cumplido:

- ***Harás*** *lo que yo te diga.*

f) En interrogaciones y exclamaciones, con distintos valores (sorpresa, ironía, etc.):

- *¿**Tendrás** el valor de negar lo que es evidente?*
- *¡**Serás** tonto!*

NOTA:

No se usa el futuro en casos como los siguientes:

- *¿**Quieres** callarte, por favor?*
- *¿**Abro** la ventana?*
- *Escríbeme cuando **llegues**.*
- *Lee el primer libro que **encuentres**.*
- *Si **vas** a Calatayud, pregunta por la Dolores.*

E CONDICIONAL

1. Formación

Añadiendo al infinitivo las siguientes terminaciones:

		tom*ar*	com*er*	viv*ir*
Singular	**Primera persona**	tomar **-ía**	comer **-ía**	vivir **-ía**
	Segunda persona	tomar **-ías**	comer **-ías**	vivir **-ías**
	Tercera persona	tomar **-ía**	comer **-ía**	vivir **-ía**
Plural	**Primera persona**	tomar **-íamos**	comer **-íamos**	vivir **-íamos**
	Segunda persona	tomar **-íais**	comer **-íais**	vivir **-íais**
	Tercera persona	tomar **-ían**	comer **-ían**	vivir **-ían**

IRREGULARIDADES: Ver Apéndice.

2. Usos

a) Para expresar acciones hipotéticas referidas a un momento posterior al presente:

- *De buena gana **iríamos** a París.* (Quizá podamos algún día.)
- ***Sería*** *interesante saber qué opina tu padre.* (A ver si podemos hablar con él.)
- *Si tuviera dinero, me **compraría** un ordenador.* (Si algún día lo tengo, me compraré uno.)

b) Para expresar acciones hipotéticas referidas al presente: en este caso el condicional indica precisamente que la acción no se está cumpliendo:

- *De buena gana* ***iríamos*** *a París.* (Pero no tenemos dinero para ello.)
- ***Sería*** *interesante saber qué opina tu padre.* (Pero desgraciadamente no lo sabemos.)
- *Si tuviera dinero, me* ***compraría*** *un ordenador.* (Pero no lo tengo.)

c) Como futuro del pasado, para expresar que la acción es posterior con respecto a ese pasado:

- *Me garantizó que* ***vendería*** *al menos cien ejemplares.*

d) Para expresar conjetura, suposición o reserva referidas al pasado:

- *¿Quién* ***sería*** *el que me llamó por teléfono?*
- ***Estaría*** *enferma y quizás no le apetecía salir de casa.*
- *Cuando llegué al hotel* ***serían*** *las diez de la noche.*
- *Lo* ***dirías*** *en broma, pero lo dijiste.*

e) Para mostrar deferencia, modestia, ironía, etc.:

- *¿**Tendría** usted cambio de cinco mil pesetas?*
- *¿**Habría** algún inconveniente si firmo ahora mismo?*
- *Yo* ***preferiría*** *vino blanco, si es posible.*
- *Con todo lo que gana el Banco, bien* ***podría*** *regalarnos un apartamento en la playa.*

PRACTICA

A EXPLOTACIÓN

EJERCICIO A.1

Tacha la forma incorrecta del verbo en las siguientes oraciones.

Ejemplo: El año pasado ~~visitaba~~/*visité* Alemania.

1. En mi vida *vi/veía* cosa igual.
2. Esta mañana *estuvimos/estábamos* en el parque.
3. Entonces *vivimos/vivíamos* en Las Palmas.
4. Mañana *cierran/cerraron* las tiendas por la huelga.
5. Tú *viniste/vienes* ahora mismo conmigo.
6. Pronto lo *sabía/sabré*.
7. Yo *estuve/estaré* en Canarias en 1991.
8. Cuando lo *oí/oigo* era demasiado tarde.

EJERCICIO A.2

Completa el texto poniendo los verbos en el tiempo que corresponda. Utiliza: cobrar, fundir, llamar, arreglar, venir, saber **y** ser.

Anoche en casa de Juan se ... los plomos. Sus padres que no ... nada de electricidad ... a un técnico. Cuando ... el electricista, tampoco ... como se ... los plomos. La avería ... muy fácil de reparar, pero a los padres de Juan les ... dos mil pesetas por la reparación.

B TAREA

EJERCICIO B.1

Quieres perder unos cuantos kilos que te sobran y vas a la consulta del especialista en dietética. Completa el diálogo siguiendo las instrucciones. (Tú eres B.)

A: ¿Hace usted algún tipo de ejercicio físico?
B: (Dile que todos los días das un paseo de una hora.)
A: ¿Conoce usted el método **AR** de adelgazamiento rápido?
B: (Dile que lo conoces desde hace tres años.)

A: ¿Lo ha comprado usted?

B: (Dile que no tienes mucha fe en los métodos que prometen milagros.)

A: ¿Estaría usted dispuesto a seguirlo si yo se lo aconsejo?

B: (Dile que siempre haces lo que te recomienda el médico.)

A: ¿De veras? ¿no me engaña?

B: (Dile que siempre dices lo que piensas.)

A: ¿Conoce usted la nueva librería ELA?

B: (Dile que no oyes bien, que repita por favor.)

A: ¿Conoce usted la nueva librería ELA?

B: (Dile que te suena, pero que no sabes dónde está.)

A: ¿Cómo es posible, si todo el mundo la conoce?

B: (Dile que quizás es debido a que vas poco a la ciudad, porque no sales mucho últimamente.)

A: Pues está en la calle de San Pedro, nº 25. Pida usted mi método **AR** y luego vuelva por aquí.

EJERCICIO B.2

El siguiente texto pertenece a la novela *Últimas tardes con Teresa*, de Juan Marsé. En él hemos puesto en infinitivo algunos de los verbos que aparecen. Trata de reconstruir el texto original usando esos verbos en el tiempo, número y persona que corresponda.

(...) Manolo, optando por dejar en el aire (antes de que los Moreau se arrepintieran) la cuestión de su viaje a París, (empezar) a hablar de su hermano mayor, casado en Barcelona, y dueño de un próspero negocio. Luego, de pronto, (levantarse), (dar) las gracias, (decir) hasta mañana y (irse).

(Llevar) media hora sentado en la piedra, tras unos matorrales, cuando (ver) salir de la «roulotte» a la hija de los Moreau. Sus padres (dormir). La luz de la ventanita se había apagado (hacer) un buen rato y el silencio de la noche (ser) absoluto. La francesita (llevar) un pijama de seda que (relucir) a la luz de la luna con calidades de metal. Ante ella se (abrir) un claro del bosque y la muchacha (empezar) a cruzarlo con paso lento, como caminando en sueños, en dirección a los matorrales tras los que él se (esconder).

EJERCICIO B.3

Ahora lee el texto reconstruido. ¿Qué pasó entre la francesita y el personaje que se ocultaba tras los matorrales? Escribe un párrafo describiendo su encuentro, comenzando de la siguiente manera.

Él se asustó...

EJERCICIO B.4

Completa las frases con la forma correspondiente de los verbos que se relacionan a continuación: querer, volver, entender, cerrar, pensar, conocer, llover, poder, servir **y** seguir.

1. He vivido muchos años en Alemania y … muy bien el país.
2. En las Islas Canarias el clima es muy agradable y templado. Casi nunca …
3. …, luego existo.
4. Lo que él … es estudiar Bellas Artes.
5. No olvides cerrar bien la puerta si … tarde.
6. Hace más el que quiere que el que …
7. Esta caja no …; es muy pequeña.
8. Aunque sabe bastante inglés, no … si le hablas muy de prisa.
9. Por la tarde, las tiendas abren a las cinco y … a las siete y media.
10. Aunque tengo poca suerte, … esperando que me toque la lotería.

EJERCICIO B.5

Eva, Alicia, Sara, Carlos, Luis y Pepe son seis amigos que comparten un piso de estudiantes en Barcelona. Se han dividido las tareas de la casa y todos colaboran. Fíjate en la tabla y escribe lo que hizo cada personaje la semana pasada.

Ejemplo: *Alicia lavó los platos el lunes pasado.*

	Limpiar el piso	**Lavar los platos**	**Hacer la cama**	**Tender la ropa**	**Hacer la comida**	**Barrer**
Lunes	Eva	Alicia	Sara	Carlos	Luis	Pepe
Martes	Carlos	Sara	Alicia	Eva	Pepe	Luis
Miércoles	Pepe	Carlos	Eva	Luis	Alicia	Sara
Jueves (ayer)	Alicia	Eva	Carlos	Pepe	Luis	Sara

EJERCICIO B.6

¿Qué otras actividades podrán realizar los estudiantes del ejercicio anterior durante la próxima semana? Haz una tabla con estas tareas: preparar un examen, ir al cine, hacer la compra, visitar a su familia, abrir una cuenta en un banco **y** poner una carta urgente. **A continuación, escribe las frases que creas convenientes. Recuerda que tienes que usar los verbos en futuro.**

EJERCICIO B.7

Lee la siguiente ficha y completa el texto que sigue con las formas correspondientes del presente de los siguientes verbos: vivir, medir, acostarse, tener, ser, estar, dormir, oír, llamarse **y** jugar.

> **Nombre:** Juan García Méndez. **Edad:** 34 años. **Profesión:** Peluquero. **Estado civil:** Soltero. **Domicilio:** Calle del Obispo, 12. **Descripción:** 1,80 metros de alto, rubio, lunar en la mejilla. **Aficiones:** Tenis, siesta diaria, discotecas, música rock.

El personaje ... Juan García Méndez. ... 34 años, ... peluquero, ... casado y ... en la calle del Obispo, número 12. ... 1,80 metros de alto, ... rubio y ... un lunar en la mejilla. ... al tenis, ... la siesta a diario y ... muy tarde porque todas las noches va a la discoteca donde ... música rock, que le encanta.

EJERCICIO B.8

Lee la ficha «Mi bisabuelo» y completa el texto que sigue con las formas correspondientes de los verbos que figuran entre paréntesis.

> **MI BISABUELO**
>
> **Nombre:** Fernando *(llamarse)*. **Apellidos:** Martínez Suárez. **Lugar y fecha de nacimiento:** Madrid, 6 de enero de 1825 *(nacer)*. **Primera residencia:** Madrid, hasta el año 1853 *(vivir)*. **Estatura:** mediana *(ser)*. **Otros datos:** bigote grande *(tener)*. **Aficiones:** leer, pasear por el campo y hablar con la gente *(gustar)*. **Cualidades personales:** amable, generoso *(ser)*, excelente voz de barítono *(poseer)*. **Idiomas:** francés e italiano *(hablar)*, alemán *(entender)*. **Matrimonio:** 1850 *(casarse)*. **Nombre esposa:** Teresa, ocho años más joven que él. **Hijos:** dos *(tener)*, Pedro y Alfonso.

Mi bisabuelo ... Fernando Martínez Suárez. ... en 1825 en Madrid, donde ... hasta 1853. ... de mediana estatura y ... un gran bigote. Le ... leer, pasear por el campo y hablar con la gente. En cuanto a sus cualidades personales, ... amable, generoso, y ... una excelente voz de barítono. Aparte de su lengua materna, ... francés e inglés y ... el alemán. En 1850 se ... con su novia, Teresa, que ... ocho años más joven que él y con la que ... dos hijos, Pedro y Alfonso.

EJERCICIO B.9

Lee el siguiente texto y explica el uso de los verbos destacados.

ELISA

Una vez en Santander, **atravesó** toda la ciudad hasta llegar al hotel y, nada más abrir la puerta de la habitación, **consultó** la hora.
Las dos menos veinticinco. ¿Esperaría hasta las dos? Veinticinco minutos aún. ¿Cómo ocuparlos?
Deshizo su bolsa de viaje, **colgó** cuidadosamente blusas y pantalones, **dejó** el pijama de seda sobre la cama, **desplegó** en el cuarto de baño la batería de productos de belleza... **Se miró** en el espejo, **se observó** atentamente, **se arrancó** dos canas.
Volvió a la habitación y **se quitó** los zapatos: las dos menos doce.
Descorrió el visillo de tergal que **ocultaba** la vista de la bahía. Al fondo, orgullosa, la Magdalena. **Imaginó** los pasillos vacíos, las aulas desiertas, el inmenso comedor con su tufo a coliflor y a aceite pasado, a viejos cigarrillos. Nunca volvería. A lo lejos, majestuosamente, **desaparecía** un petrolero y abajo, en la ciudad, el tráfico **producía** un continuo ruido de fondo.

DOLORES SOLER-ESPIAUBA. **Elisa o el pasado imperfecto**

EJERCICIO B.10

Los textos que siguen se refieren al tiempo atmosférico, aunque de manera distinta, como podrás observar. Léelos y escribe de nuevo el segundo utilizando verbos.

SUBEN LAS TEMPERATURAS DIURNAS

Poco a poco la situación **mejora**, en las altas capas la inestabilidad **decrece** y en superficie nuestra comunidad **se encuentra** bajo la acción de las altas presiones. Por tanto, hoy el cielo **estará** casi nuboso a primeras horas en la sierra y casi despejado en el resto, pero posteriormente **se producirá** un aumento de la nubosidad, quedando los cielos parcialmente nubosos en la capital. Los vientos **soplarán** flojos del Norte en la sierra y del Noreste en el resto. **Se formarán** algunas neblinas a primeras horas hacia el suroeste de la comunidad. Las temperaturas diurnas **subirán** con unas extremas previstas que **oscilarán** entre los 26 grados y los 13 grados.

ANDALUCÍA (PRONÓSTICO PARA LAS PRÓXIMAS 24 HORAS)

Cielos casi despejados a primeras horas, luego más nubosos en la mitad oriental. Nieblas en el interior. Quizás algunos chubascos ocasionales en Sierra Nevada. Vientos flojos del Levante en el Estrecho. Temperaturas diurnas en ascenso. Extremas entre 29 grados y 9 grados.

RECUERDA

En esta Unidad has aprendido que:

1. Si el hablante piensa en la acción del verbo como un fenómeno real, la expresa en indicativo.

2. Existen formas simples y formas compuestas (que se construyen con el verbo *haber*).

3. El presente es un tiempo neutro porque expresa tiempo venidero, tiempo pasado o tiempo actual.

4. El imperfecto expresa duración en el pasado y el indefinido acción acabada.

5. El futuro expresa acción venidera; también puede expresar probabilidad.

6. El condicional expresa probabilidad referida al pasado y al futuro; también se le puede considerar como futuro hipotético.

COMPRUEBA

Lee el texto «Esta noche será elegida la reina de las fiestas de Puntallana» y explica el uso de los tiempos verbales que aparecen destacados.

Unidad 8

EL INDICATIVO. Formas compuestas

LEE

Fíjate en lo que está destacado en el texto.

RELATOS BREVES

Fue de una forma totalmente inesperada. Cuatro individuos provistos de metralletas se apearon de un coche y descargaron sobre mí una ráfaga de tiros en abundancia.
Tres tiros me ***habían atravesado*** *los pulmones, por lo que el médico me dijo que durante una temporada dejara el tabaco. Otros cuatro balazos me* ***habían atravesado*** *el corazón, por lo cual, según el médico, no me conviene hacer grandes esfuerzos ni subir las escaleras. Seis balas me* ***habían perforado*** *el hígado, lo que me obliga, por lo visto, a no hacer excesos ni en la comida ni en la bebida.*
Me preocupaba mucho lo del cráneo. Porque no les ***he dicho*** *que siete u ocho balas me lo atravesaron de parte a parte. Claro que, como me dijo el médico: «Un buen sombrero de ala ancha, y esos agujeros ni se ven».*
¡Si no fuera por los médicos...!

JOSÉ LUIS COLL. **Cosas mías**

NOTA:

El protagonista de este relato nos confesó que ***se había hecho*** *a sí mismo estas preguntas después que* ***se hubo recuperado*** *del susto:*

–*¿****Habrán pensado*** *estos individuos que soy un delincuente?*

–*¿Qué me* ***habría pasado*** *si en vez de una metralleta hubiesen utilizado una bomba?*

Naturalmente, no supimos qué decirle.

LOS AUTORES

ESTUDIA

A PRETÉRITO PERFECTO

1. Formación

Con las formas del presente de indicativo del verbo *haber* + el participio (terminado en *-ado, -ido* o irregular) del verbo correspondiente.

Presente de «haber»		tom*ar*	com*er*	viv*ir*
he has ha hemos habéis han	+	tom **-ado**	com **-ido**	viv **-ido**

IRREGULARIDADES: Ver Apéndice.

2. Usos

a) Para expresar una acción realizada en una unidad de tiempo que incluye el momento presente, o bien que aún no ha concluido para el que habla:

- *Te **he llamado** cinco veces esta mañana.* (La mañana aún no ha terminado.)
- *¿**Has visto** la película* El rey del mambo*?* (La película continúa en cartel, o así lo cree el hablante.)

Pero • *¿**Viste** el programa de Julio Iglesias en la tele?* (Anoche, el jueves pasado, etcétera.)

b) Para indicar acción pasada cuyas consecuencias guardan relación con el momento presente:

- *Los ladrones se **han fugado** de la cárcel y **han desaparecido**.* (Ya no están en la cárcel.)
- *Mi hermana **ha pasado** un año en Inglaterra.* (Ahora habla inglés con más facilidad.)

c) Para expresar acciones ocurridas en un pasado inmediato:

- *No **he oído** nada de lo que **has dicho**.*
- *¿Quién **ha dicho** esta barbaridad?*

PLUSCUAMPERFECTO

1. Formación

Imperfecto del verbo *haber* + el participio (terminado en *-ado, -ido* o irregular) del verbo correspondiente.

Imperfecto de «haber»	tom*ar*	com*er*	viv*ir*
había habías había habíamos habíais habían +	tom **-ado**	com **-ido**	viv **-ido**

IRREGULARIDADES: Ver Apéndice.

2. Usos

a) Indica una acción acabada en un momento pasado y anterior a otra también pasada:

- *Cuando tú llegaste, ya* ***habíamos hablado*** *con ella.*

b) En lugar del presente o pretérito perfecto, para expresar amabilidad o modestia:

- *¿****Había pedido*** *usted postre, señor?*
- *Yo* ***había pensado*** *que sería mejor esperar un poco.*

PRETÉRITO ANTERIOR

1. Formación

Pretérito indefinido del verbo *haber* + el participio (terminado en *-ado, -ido* o irregular) del verbo correspondiente.

Indefinido de «haber»	tom*ar*	com*er*	viv*ir*
hube hubiste hubo hubimos hubisteis hubieron +	tom **-ado**	com **-ido**	viv **-ido**

IRREGULARIDADES: Ver Apéndice.

2. Usos

Después de *apenas, cuando, después que, en cuanto, tan pronto como,* etc., para indicar una acción pasada recién terminada e inmediatamente anterior a otra también pasada.

No obstante, hoy día es poco frecuente, y en su lugar se usa el indefinido:

- *Cuando **hubo desayunado**, Pedro salió a dar un paseo.*
- *Cuando **desayunó**, Pedro salió a dar un paseo.*

D FUTURO PERFECTO

1. Formación

Futuro simple del verbo *haber* + el participio (terminado en *-ado, -ido* o irregular) del verbo correspondiente.

Futuro de «haber»		tom*ar*	com*er*	viv*ir*
habré habrás habrá habremos habréis habrán	+	tom **-ado**	com **-ido**	viv **-ido**

IRREGULARIDADES: Ver Apéndice.

2. Usos

a) Para enunciar una acción futura previa a otra también futura:

- *Antes de que empiece a llover ya **habrás llegado** a casa.*
- *Cuando ella llegue ya te **habrás cansado** de esperarla.*

b) Para expresar posibilidad o incertidumbre en el pasado:

- *Si no hay nadie en casa es que **habrán salido**.*
- *¿Cuántas personas **habrán participado** en la prueba? ¿Cuarenta?*

c) Para indicar que se acepta una acción pasada, aunque con reserva:

- *Julio **habrá hecho** mucha gimnasia, pero no se le nota.*
- *El profesor **habrá explicado** muy bien la lección, pero yo no entiendo nada.*

E CONDICIONAL PERFECTO

1. Formación

Condicional de *haber* + el participio (terminado en *-ado, -ido* o irregular) del verbo correspondiente.

Condicional de «haber»		tom*ar*	com*er*	viv*ir*
habría habrías habría habríamos habríais habrían	+	tom **-ado**	com **-ido**	viv **-ido**

IRREGULARIDADES: Ver Apéndice.

2. Usos

a) Indica una acción futura con respecto a una condición expresa o implícita vista desde el pasado:

- *Si anoche hubieras venido a la fiesta, te **habrías divertido**.*
- *El niño **habría cumplido** ahora diez años.* (Si hubiera nacido.)

b) Para expresar probabilidad o conjetura en el pasado:

- ***Habría recorrido** unos diez kilómetros cuando, de pronto, me di cuenta de que apenas me quedaba gasolina.*
- *¡Cuántas cosas **habría hecho** yo si hubiera tenido medios!*

PRACTICA

A EXPLOTACIÓN

EJERCICIO A.1

Pon el verbo entre paréntesis en un tiempo compuesto correcto.

Ejemplo: La sesión aún no (terminar).
La sesión aún no ha terminado.

1. Tú ya (leer) ese libro, supongo.
2. Este año (tener) una buena cosecha.
3. Ayer ya (amanecer), cuando salimos de excursión.
4. Mañana a estas horas Pilar ya (llegar) a su país.
5. La policía ya (detener) al ladrón cuando denuncié el robo.
6. Me prometiste que el lunes ya (hablar) con ella.
7. Aunque evidentemente (estudiar) bastante, sabéis muy poco.
8. Me pregunto cuánto le (costar) ese lujoso chalet.
9. Este trimestre sólo (haber) cinco días de vacaciones.
10. Supongo que el dueño le (llamar) la atención en su momento.

EJERCICIO A.2

Las siguientes oraciones pueden expresarse de una forma más adecuada. Escríbelas de nuevo.

Ejemplo: Esta tarde vi a Carmen.
Esta tarde he visto a Carmen. (La tarde aún no ha terminado.)

1. En 1978 se ha promulgado la Constitución Española.
2. La semana anterior hemos estado en Londres.
3. No hablé con Juana todavía.
4. El año pasado he visitado Madrid.
5. En mi vida vi una cosa igual.
6. Te busco durante todo el día.
7. Anoche habían atracado el Banco de Santander.
8. Cuando lleguéis, nos habíamos ido.
9. ¡Si me hubieran dejado, le diría lo que pienso!
10. Apenas comía, se marchó a trabajar.

EJERCICIO A.3

Pon los verbos que van entre paréntesis en el tiempo adecuado. Compara tu versión con la del autor de la novela (ver Solucionario) y trata de explicar las posibles discrepancias.

Eran las cinco de la tarde de un martes a finales de abril. Julio Orgaz (salir) de la consulta de su psicoanalista diez minutos antes; (atravesar) Príncipe de Vergara y ahora entraba en el parque de Berlín intentando negar con los movimientos del cuerpo la ansiedad que delataba su mirada.
El viernes anterior no (conseguir) ver a Laura en el parque, y ello le (producir) una aguda sensación de desamparo que se prolongó a lo largo del húmedo y reflexivo fin de semana que inmediatamente después se le (venir) encima. La magnitud del desamparo le (llevar) a imaginar el infierno en que podría convertirse su vida si esta ausencia llegara a prolongarse. Advirtió entonces que durante la última época su existencia (girar) en torno a un eje que atravesaba la semana y cuyos puntos de apoyo eran los martes y los viernes.

JUAN JOSÉ MILLÁS
El desorden de tu nombre

B TAREA

EJERCICIO B.1

Tu madre te ha pedido que hagas algunas cosas. Te encuentras con ella a media mañana y le explicas lo que has hecho y lo que no has hecho todavía. Escoge expresiones del cuadro que tienes a continuación, utilizando ya... pero todavía no...

Ejemplo: ***Ya*** *he comprado el bicarbonato,* ***pero todavía no*** *he ido al Banco.*

- comprar bicarbonato
- ir al Banco
- recoger una blusa en la tintorería
- comprar el pan
- visitar a tu tía en la clínica
- recoger el pasaporte
- hacer unas fotocopias
- pedir una bombona de gas

EJERCICIO B.2

Has realizado unas actividades y una amiga, Charo, se interesa por ellas. Escribe un pequeño diálogo.

1. Has ido a ver la película *Tacones lejanos,* de Pedro Almodóvar, y no te ha parecido muy interesante.
   CHARO: ...
   TÚ: ...
2. Has visitado Granada y te ha parecido una ciudad maravillosa.
   CHARO: ...
   TÚ: ...
3. Has leído una novela recomendada por tu amiga y no te ha gustado nada.
   CHARO: ...
   TÚ: ...
4. Has escuchado el último disco de Mecano y te ha gustado enormemente.
   CHARO: ...
   TÚ: ...
5. Has ido de excursión con tus vecinos y el mal tiempo lo ha echado todo a perder.
   CHARO: ...
   TÚ: ...

EJERCICIO B.3

A continuación tienes una anécdota en la que se utiliza frecuentemente el pretérito pluscuamperfecto. Escribe una anécdota personal utilizando el mismo tiempo verbal.

Un grupo de amigos habíamos decidido hace tiempo ir a ver la película *Los reyes del Mambo*, porque alguien nos había dicho que era muy buena. Cuando ya íbamos a comprar las entradas, llegó Pablo diciendo que él ya la había visto y que si no nos importaba ver otra. Elegimos una sobre la marcha y cuando llevábamos diez minutos sentados en el cine, nos dimos cuenta de que la habían puesto en la tele dos semanas antes y de que a ninguno de nosotros nos había gustado.

EJERCICIO B.4

Completa los siguientes minidiálogos formulando hipótesis que expliquen los hechos. Utiliza tiempos compuestos.

1. A: ¡Qué raro que no cojan el teléfono en casa de Paula!
   B: Probablemente ...

2. A: ¿Dónde está Carlota?
   B: Creo que ...
3. A: Es extraño que no hayan llegado. ¡Con lo puntuales que son...!
   B: Seguramente ...
4. A: ¡Qué curioso! Juraría que dejé mi agenda sobre la mesa y no está allí.
   B: A lo mejor ...
5. A: ¿Por qué se marcharon de la fiesta tan pronto?
   B: Pues porque ...

EJERCICIO B.5

Escribe una carta a un amigo español ajustándote a las pautas siguientes y utilizando el mayor número posible de tiempos compuestos.

1. pedir disculpas/no escribir antes/muy ocupado
2. preguntar por el estado de salud de su familia
3. explicar tu rutina diaria
4. preguntar por sus actividades durante el último mes
5. averiguar sus planes para las próximas vacaciones
6. despedirte

RECUERDA

En esta Unidad has aprendido que:

1. Las formas compuestas se construyen con el verbo *haber* y el participio.
2. Existen formas compuestas del pasado (pretérito perfecto, pluscuamperfecto y pretérito anterior), del futuro (futuro perfecto) y del condicional (condicional perfecto).
3. El pretérito perfecto se forma con el presente del verbo *haber* y el participio. Se usa, principalmente, para expresar una acción realizada en una unidad de tiempo que incluye el momento presente o tiene una relación inmediata con él.
4. El pluscuamperfecto se forma con el imperfecto del verbo *haber* y el participio. Se usa, principalmente, para indicar una acción acabada en un momento pasado y anterior a otra también pasada.
5. El pretérito anterior se forma con el pretérito indefinido de *haber* y el participio; es poco frecuente hoy día y en su lugar se usa el indefinido.
6. El futuro perfecto se forma con el futuro simple de *haber* y el participio. Se usa, principalmente, para enunciar una acción futura previa a otra también futura o para expresar incertidumbre en el pasado.
7. El condicional perfecto se forma con el condicional de *haber* y el participio. Se usa para indicar una acción futura con respecto a una condición expresa o implícita vista desde el pasado, o para expresar probabilidad en el pasado.

COMPRUEBA

Explica los verbos destacados en los textos de LEE que aparecen al principio de la Unidad.

Unidad 9
EL SUBJUNTIVO

LEE

Fíjate en lo que está destacado en el texto.

Cuando ***tenga*** *18 años, dijo Silvia, haré lo que* ***sea*** *para evitar que mis padres me* ***paguen*** *los estudios que pienso seguir en la universidad. Si no* ***encontrase*** *trabajo fácilmente, pondría un anuncio en los periódicos, pues así es probable que alguien me* ***ofrezca*** *algo acorde con mis capacidades o aptitudes.*

Si mi familia ***hubiera emigrado*** *hace años a Venezuela, como era su deseo, seguramente habría ganado mucho dinero y yo no tendría ahora esta preocupación. Bien es verdad que también* ***hubieran tenido*** *que hacer grandes sacrificios para que sus cinco hijos* ***pudieran*** *salir adelante, ya que, como reza el dicho popular, «en ningún sitio venden los duros a cuatro pesetas» (o, lo que es lo mismo, «en ninguna parte atan los perros con longaniza»). No les critico, sin embargo, que* ***hayan decidido*** *quedarse a vivir en este país, que también es el mío y me gusta mucho.*

De todas formas, si algún día ***dispusiera*** *de medios suficientes, me encantaría invitarlos a visitar conmigo esa parte del mundo en la que tantas ilusiones habían puesto.*

ESTUDIA

En la Unidad 1 distinguíamos las oraciones **simples** (que tienen un solo verbo) de las **complejas** (que constan de una **proposición principal** o independiente y de una o más **proposiciones subordinadas**). Pues bien, el verbo en estas últimas va frecuentemente en subjuntivo.

El subjuntivo presenta el contenido de la subordinada como **irreal** o **aún no realizado** en el momento en que tiene lugar la acción del verbo principal:

- *Quiero una casa que* ***tenga*** *mucha luz.* (Irreal: no se conoce o identifica la casa.)
- *Avísame cuando* ***hayas terminado***. (Aún no has terminado.)
- *Quiero que me* ***digas*** *toda la verdad.* (Aún no me lo has dicho.)

Aunque no es fácil someter a reglas todos y cada uno de sus usos, en términos generales se puede decir que el subjuntivo sirve para expresar **incertidumbre**:

- *No creo que* ***esté*** *enfermo.* (No estoy seguro de que esté enfermo.)
- *Te escribiré cuando* ***tenga*** *un rato libre.* (No sé cuándo lo tendré.)
- *Es posible que* ***llueva*** *mañana.* (No hay certeza de que llueva.)

Es obligatorio su uso cuando lo que se expresa en la subordinada es información conocida [ver otra explicación en la página 97, apartados b) y c)].

- *No me importa que* ***llegues*** *tarde.* (Respuesta a *Llegaré tarde*.)
- *Es lógico que* ***estés*** *contento.* (Noto que lo estás ahora.)
- *Es imposible que* ***sean*** *las doce.* (Veo que son las doce.)

A FORMAS

FORMAS SIMPLES	FORMAS COMPUESTAS
Presente	**Pretérito perfecto compuesto**
cante	haya cantado
Pretérito imperfecto	**Pretérito pluscuamperfecto**
cantara o cantase	hubiera o hubiese cantado
Futuro imperfecto	**Futuro perfecto**
cantare	hubiere cantado

TIEMPOS SIMPLES

1. Presente

Según que el infinitivo termine en *-ar*, *-er* o *-ir*, el presente se forma añadiéndole a la raíz las siguientes terminaciones:

		tom*ar*	**com*er***	**viv*ir***
	Primera persona	tom **-e**	com **-a**	viv **-a**
Singular	**Segunda persona**	tom **-es**	com **-as**	viv **-as**
	Tercera persona	tom **-e**	com **-a**	viv **-a**
	Primera persona	tom **-emos**	com **-amos**	viv **-amos**
Plural	**Segunda persona**	tom **-éis**	com **-áis**	viv **-áis**
	Tercera persona	tom **-en**	com **-an**	viv **-an**

2. Imperfecto

Se forma suprimiendo la terminación *-ron* de la tercera persona del plural del pretérito indefinido y sustituyéndola por las terminaciones *-ra, -ras, -ra, -ramos, -rais, -ran* o por las terminaciones (equivalentes): *-se, -ses, -se, -se, -semos, -seis, -sen:*

- *tomaron* — *toma**ra**/toma**se**, toma**ras**/toma**ses***, etc.
- *comieron* — *comie**ra**/comie**se**, comie**ras**/comie**ses***, etc.
- *vivieron* — *vivie**ra**/vivie**se**, vivie**ras**/vivie**ses***, etc.

TIEMPOS COMPUESTOS

1. Pretérito perfecto

Se forma con el presente de subjuntivo del verbo *haber (haya, hayas, haya, hayamos, hayáis, hayan)* y un participio en *-ado*, *-ido* o irregular:

*haya tom**ado**, haya com**ido**, haya viv**ido***

2. Pretérito pluscuamperfecto

Se forma con el imperfecto de subjuntivo del verbo *haber* (*hubiera* o *hubiese*, *hubieras* o *hubieses*, etc.) y un participio en *-ado*, *-ido* o irregular:

*hubiera/ese tom**ado**, hubiera/iese com**ido**, hubiera/iese viv**ido***

B USOS

1. En **proposiciones independientes** el subjuntivo se usa:

a) En las formas del imperativo (en todas las negativas y en las afirmativas correspondientes a *usted, ustedes* y *nosotros*):

- *No **vayas** tan de prisa.*
- ***Mire** usted, lo que diga la prensa me importa muy poco.*
- *¡**Brindemos** por el futuro!*

b) Precedido de *ojalá, que, quién,* para expresar deseos y órdenes:

- *¡Ojalá **tengas/tuvieses** suerte mañana!*[1]
- *Que te **diviertas.***
- *Que **entre**.*
- *¡Que **sea** ésta la última vez!*
- *¡Quién **pudiera** viajar todos los meses!*

c) Precedido de *tal vez, quizá(s), posiblemente,* si se quiere recalcar la incertidumbre por parte del hablante. En caso contrario se puede utilizar el indicativo:

- *Tal vez **lleguemos** un poco tarde.*

Pero • *Quizás **estás** cansado después de este viaje tan largo.*

d) En algunas construcciones corrientes del tipo *que yo sepa, que yo recuerde, ni que fuera/estuviera,* etc.:

- *No, que yo **sepa/recuerde**.*
- *Ni que **fueras** adivino.*
- *Ni que **estuviera** nevando.*

2. El subjuntivo, precedido de *que,* se usa en **proposiciones subordinadas** en los siguientes casos:

a) Si el significado de la principal expresa **duda, posibilidad, necesidad, deseo**, y, en general, si influye en lo expresado por la subordinada:

- *Dudo que **lleguemos** a tiempo para el concierto.*
- *Es posible que **tengan** ese libro en la biblioteca.*
- *El alcalde necesita que le **apoyen**.*
- *Me gustaría que me **tocase** el «gordo» de Navidad.*
- *Quiero que lo **pienses** bien antes de decidirte.*
- *Le dije que **apagara** la luz antes de salir.*

---

[1] Ver más adelante usos del **presente** y del **imperfecto**.

b) Después de verbos y construcciones impersonales que expresan **sentimiento** u **opinión**:

- *Me alegro de que **hayas** tenido suerte.*
- *Siento que no **puedas** acompañarnos.*
- *¡Qué pena que **tengas** que marcharte tan pronto!*

c) En construcciones impersonales que expresan **juicios de valor** o **apreciaciones,** excepto en aquellas que indican claramente certeza, seguridad y verdad:

- *Sería inútil que lo **intentaras** de nuevo.*
- *¡Parece mentira que **tengamos** esta temperatura en invierno!*
- *Es lógico que **tengas** sueño si sólo has dormido una hora.*
- *Es imposible que **tardes** tanto tiempo en llegar a casa.*
- *Es increíble que no **quede** ninguna habitación en ese hotel.*

Pero
- *Es cierto que **habla** español aunque necesita practicarlo.*
- *Está comprobado que **hace** más el que quiere que el que puede.*
- *Es indudable que **tendrás** más posibilidades de ganar la loto si juegas todas las semanas.*

d) Después de verbos de percepción **física** o **mental** *(ver, comprender, parecer, notar, creer)* y verbos de comunicación u opinión cuando se utilizan en forma **negativa**:

- *No veo que **puedas** ayudarme si no tienes dinero.*
- *No comprendía que **fuera** tan importante saber inglés.*
- *No creo que **quiera** venir.*
- *No digo que **sea** imposible, sino difícil.*

Pero
- *Noto que **estás** enfadado conmigo.*
- *Opino que **debe** venir con nosotros.*
- *Comprendo que **hice** mal al no avisar.*

C VALOR TEMPORAL DEL SUBJUNTIVO

El valor temporal de las formas del subjuntivo viene determinado por el contexto, ya que al señalar la irrealidad, el deseo, la posibilidad, etc., el subjuntivo expresa el tiempo con menor precisión que el indicativo. Sólo el contexto puede ayudarnos a saber a qué tiempo se refiere el hablante. He aquí algunos ejemplos:

- *Me rogaron que **viniera**.* (Puede ser ayer - hoy - mañana.)
- *No creo que **llueva**.* (Hoy o en un momento posterior a hoy.)

1. El **presente** y el **pretérito imperfecto** pueden expresar tiempo **presente, pasado** o **futuro**:

- *Me han dicho que **corrija** el ejercicio.* (Presente, futuro)
- *Es imposible que **pagues** tanto por ese piso.* (Pasado, futuro)
- *Si **tuviera** dinero, me compraría un yate.* (Presente, futuro)
- *No dije nada porque me ordenaron que **callase**.* (Pasado)
- *Me dijo que lo **intentara** una vez más.* (Pasado, futuro)

2. Cuando indican tiempo futuro, el **presente** y el **imperfecto** se usan indistintamente si van precedidos de *ojalá, aunque, aun cuando, suponiendo que, a pesar de que*, etc.:

- *Aunque **obtenga** muchos votos, no podrá ganar.*
- *Aunque **obtuviese** muchos votos, no podrá/podría ganar.*

3. El **pretérito perfecto** puede expresar el tiempo **pasado** o **futuro**:

- *Esperamos que **hayan tenido** un vuelo agradable.* (Pasado)
- *Apaga la luz cuando **hayas terminado**.* (Futuro)

4. El **pluscuamperfecto** sólo expresa tiempo **pasado**:

- *Si **hubieras venido** te habrías divertido.* (Pasado)

NOTA:

Los dos futuros del subjuntivo *(viniere, hubiere venido)* han dejado prácticamente de emplearse en el español actual, excepto en el lenguaje jurídico y administrativo.

PRACTICA

A EXPLOTACIÓN

EJERCICIO A.1

Indica en qué tiempo están los verbos principales y los subordinados con los que se relacionan.

Ejemplos: a) Siento que no *puedas* venir.
b) Te agradezco que *hayas venido.*
c) Es lógico que *tuviera* miedo.

VERBO PRINCIPAL	VERBO SUBORDINADO
Indicativo	**Subjuntivo**
a) Presente	Presente
b) Presente	Pretérito perfecto
c) Presente	Pretérito imperfecto

1. Lamentaré que te *marches*.
2. Me gustaría que te *quedases* unos días más.
3. Me extrañaría que *hubiera aceptado* la invitación.
4. Habríamos preferido que nos *devolvieran* el dinero.
5. Ha dicho que no le *molesten*.
6. Te dije que no lo *hicieras* sin mi permiso.
7. Lo importante era que *estuviésemos* todos allí.
8. No quiso que *pintáramos* la puerta de azul.
9. Me había sugerido que *firmase* un cheque en blanco.
10. Dile que *venga* antes de las cinco.

EJERCICIO A.2

Señala qué tiempo indican las formas verbales de subjuntivo en las siguientes oraciones.

Ejemplo: Me han ordenado que me *entregues* el paquete ahora. *(Presente)*

1. Procura terminar antes de que llegue.
2. Si volviera la próxima semana, avíseme.
3. Podrías estar allí mañana si hubieras querido.
4. ¡Si pudiera oír lo que están comentando!
5. Se casará cuando haya acabado la carrera de Derecho.

EJERCICIO A.3

Pon los verbos entre paréntesis en algún tiempo de subjuntivo.

Ejemplo: Procura acabar antes de que (volver).
*Procura acabar antes de que **vuelva**.*

1. (Discutir, nosotros) el tema un poco más a fondo.
2. ¡Ojalá que no (llover) durante la excursión!
3. No parece que (haber) heridos en el accidente.
4. Luego no me (decir) que no te avisé.
5. No es posible que dos hermanos se (odiar) tanto.
6. Tu madre me dijo que (venir).
7. Si (estudiar), habrías aprobado la asignatura.
8. De habértelo dicho no (ser) una sorpresa.
9. No estábamos seguros de que nuestro equipo (ganar).
10. No creo que le (gustar) la broma que le has gastado.

B TAREA

EJERCICIO B.1

José Antonio es un alto ejecutivo –un «yuppie»– de una importante compañía española. Aquí tienes algunos datos que revelan su personalidad. ¿Qué cosas te gustaría que hiciera para que pudieras considerarlo un buen amigo?

Ejemplo: Me gustaría que *jugase* también al tenis para formar pareja con él.

Deportes: squash, golf. **Lugares de recreo**: bares caros. **Dinero**: 5 tarjetas de crédito. **Aficiones**: fines de semana en yate. **Música**: jazz, pop. **Vehículo**: moto de alta cilindrada. **Estado civil**: divorciado. **Comidas preferidas**: nueva cocina vasca.

Me gustaría que...	Me gustaría que no...
a)	a)
b)	b)
c)	c)
d)	d)
e)	e)

EJERCICIO B.2

Quieres ir de vacaciones y vas a una agencia de viajes. Explica tus preferencias usando el subjuntivo.

Debe ser un sitio que … en el que … y donde …

Ahora eres el empleado. Recomienda lugares y posibilidades, según las preferencias expuestas en la parte anterior del ejercicio.

Le recomiendo que …
Le sugiero que no …
Lo mejor es que …

EJERCICIO B.3

A continuación te presentamos una carta enviada por una lectora a una sección de consultas de una revista. Léela y responde con los consejos que seguirías para ayudarla.

SUFRE AL HABLAR EN PÚBLICO

Problema:

Tengo 42 años y una hija de 23, aparentemente tranquila, pero cuando tiene que hablar en público, contestar a alguien o exponer sus ideas, se pone nerviosa, se le corta la respiración y se le suben unos colores que le impiden hablar. También le sucede esto si aparece en su vida algo imprevisto y malo. Me gustaría que fuera más fuerte de lo que es. ¿Cómo puedo ayudarla?

Respuesta:

Su problema es bastante común entre gente tímida e insegura. Para superar el terror a hablar en público, dígale que...

1. …
2. …
3. …
4. …
5. …

EJERCICIO B.4

Completa los minidiálogos con los verbos siguientes en su tiempo correcto: terminar, callarse, venir, llover, portarse, querer, oír.

1. A: Mañana nos vamos de excursión al Teide.
   B: ¡Qué bien! Ojalá no …

2. A: Llevo toda la mañana llamando a Juana.
   B: Con lo sorda que está, tendrías que gritar mucho para que te ...

3. A: Mi hermano casi les cuenta a mis padres que anoche llegué de madrugada.
   B: Me alegro de que ... bien esta vez.

4. A: Me temo que Rosa ya no está enamorada de mí.
   B: Si quieres que te ..., muéstrate más cariñoso.

5. A: ¿Puedo ver la tele?
   B: Sólo cuando ... los deberes.

6. A: ¡No me digas que Verónica se fue!
   B: Si ... a tu hora, la habrías encontrado aquí.

7. A: ¡No para de hablar!
   B: Sí. Si ..., se lo agradecería.

EJERCICIO B.5

Contesta con una frase a las situaciones propuestas. Empieza con las palabras que se te indican.

1. (Tienes una cita con tu jefe. Llegas tarde y tienes que disculparte.)

   Espero...

2. (Recibes una invitación para una fiesta. Escribe una nota de agradecimiento.)

   Agradezco que...

3. (Has leído una novela de Camilo José Cela, que te ha impresionado notablemente. Recomiéndasela a un amigo.)

   Te recomiendo que...

4. (Estás pintando tu casa y unos amigos te escriben comunicándote que piensan quedarse contigo. Contéstales que es imposible por ahora. Dales una razón convincente.)

   Lo siento mucho, pero hasta que...

5. (Tu hermana se presenta por segunda vez al examen de conducir. Muéstrale tu solidaridad.)

   Confío en que...

RECUERDA

En esta Unidad has aprendido que:

1. El subjuntivo presenta la acción del verbo como irreal o aún no realizada en el momento en que se habla.

2. Sirve para expresar deseo o incertidumbre y se usa principalmente en proposiciones subordinadas.

3. Su uso es obligatorio cuando la información contenida en la subordinada ya se ha mencionado con anterioridad o resulta evidente por el contexto.

4. Cuando se usa en oraciones independientes suele depender de un verbo sobreentendido o de una idea anterior.

5. El subjuntivo expresa el tiempo con menor precisión que el indicativo y es el contexto el que determina el valor temporal de sus formas.

6. Los dos futuros del subjuntivo han dejado prácticamente de existir en el español actual.

7. En virtud de la correlación de tiempos, las formas del subjuntivo utilizadas en la proposición subordinada dependen del tiempo usado en la principal.

COMPRUEBA

Explica el uso de los tiempos de subjuntivo en el texto con que se inicia esta Unidad.

Unidad 10

LAS FORMAS NO PERSONALES DEL VERBO

LEE

Fíjate en lo que está destacado en el texto.

MANUEL DE FALLA

Este famoso compositor español, ***nacido*** *en Cádiz en 1876, recibió las primeras enseñanzas musicales de su madre. Marchó a Madrid a* ***estudiar*** *piano y composición cuando era muy joven.*
En 1905, la Real Academia de Bellas Artes acuerda ***otorgarle*** *un premio por su ópera en dos actos* La vida breve, *que marca el principio de su carrera artística.*
Al ***cumplir*** *treinta y un años, se traslada a París para* ***ampliar*** *estudios,* ***entrando*** *en contacto con Albéniz, Debussy y Stravinski. En esa época,* ***influido*** *por los* ***mencionados*** *autores, compuso algunas obras significativas,* ***publicadas*** *por Durand.*
Después de ***haber residido*** *en París algunos años, tuvo que* ***regresar*** *a su país, porque no podía* ***seguir pagándose*** *los estudios en la capital gala. Tras* ***componer*** *su famoso* Amor brujo, *le llegó un* ***merecido*** *reconocimiento internacional que, en opinión de los expertos, debía* ***haber ocurrido*** *años antes.*
Más adelante, decide ***incorporar*** *a sus obras la tradición musical española más genuina y* ***da a conocer*** *su* Elegía a la guitarra, ***dedicada*** *a la memoria de Debussy.*
En 1939, Falla marchó a Córdoba (Argentina) para ***trabajar*** *en su gran obra-testamento,* La Atlántida, *que sería* ***concluida*** *por su discípulo Ernesto Halffter en 1961.*

ESTUDIA

Las formas no personales del verbo son **el infinitivo**, **el gerundio** y el **participio**. Se llaman formas no personales porque por sí solas no pueden expresar la persona gramatical ni el tiempo. De ellas, sólo el participio admite variación formal: de género y número.

A FORMAS

	Forma simple	Forma compuesta
Infinitivo	tom**ar** com**er** viv**ir**	haber tomado haber comido haber vivido
Gerundio	tom**ando** com**iendo** viv**iendo**	habiendo tomado habiendo comido habiendo vivido
Participio	tom**ado** com**ido** viv**ido**	

Estas formas pueden constituir frases verbales, pero necesitan un verbo en forma personal o un contexto situacional para completar su significado:

- ***Bailar*** *sevillanas (es divertido).*
- ***Conduciendo*** *despacio (se evitan accidentes).*
- ***Conseguido*** *el objetivo (regresamos a casa).*
- *«Niños* ***comiendo*** *uvas.» (Título de un cuadro de Murillo.)*
- *«La maja* ***vestida****.» (Título de un cuadro de Goya.)*

Las formas compuestas y el participio expresan la acción como acabada. Las formas simples del infinitivo y gerundio la presentan como no terminada, en su desarrollo.

B USOS Y FUNCIONES

INFINITIVO

1. Puede funcionar en la oración como

a) **sujeto**: ***Viajar*** *cuesta dinero.*

b) **atributo**: *Lo importante es* ***participar****.*

c) **complemento**: *Sé* ***leer****; la ofendí sin* ***querer****.*

2. Puede ir seguido de complementos:

- *Comer* ***mucho*** *perjudica la salud.*
- *Quiero vivir* ***en España*** *y aprender* ***español.***
- *Debo escribir* ***a mi hermana.***
- *Procura dormir* ***tranquila.***

3. Puede usarse en preguntas retóricas o exclamaciones:

- *¿**Estar** yo enfadado?*
- *¿Cómo no **dudar** de su palabra?*
- *¡**Tratarme** de ese modo!*

4. Forma frases equivalentes a proposiciones subordinadas cuando va precedido de ciertas preposiciones:

- ***Al llegar*** *el jefe (cuando llegó), le entregué los informes.*
- ***De venir*** *en invierno (si vienes...), necesitarás un abrigo.*
- ***Sin estudiar*** *(si no estudias), no podrás aprobar la asignatura.*

5. Algunos verbos se construyen habitualmente con el infinitivo; unos lo hacen directamente, sin ningún nexo; otros mediante una preposición (*a, de, en,* en la mayoría de los casos):

- *Espero* ***terminar*** *pronto.*
- *Empecé* ***a tocar*** *el piano a los ocho años.*
- *Terminamos* ***de comer*** *a las cuatro.*
- *¿Cuánto se tarda **en llegar**?*

6. Se usa a veces en lugar del imperativo (en instrucciones, anuncios públicos):

- ***Ver*** *Ejercicio nº 28.*
- ***Rellenar*** *sólo las hojas 1 y 2.*
- *¡A **dormir** todo el mundo!*
- *No **pisar** la hierba.*

7. Puede ir acompañado de pronombres personales complemento (Ver Unidad 4):

- *No puedo **olvidarlo**. (No **lo** puedo **olvidar**.)*
- *Gracias por **haberte acordado** de mí.*

8. El infinitivo se puede sustantivar con el artículo, en cuyo caso puede llevar un adjetivo u otro complemento:

- ***El latir*** *del corazón.*
- ***El*** *dulce* ***lamentar*** *de los pastores.*

9. Las **perífrasis verbales** de infinitivo (ver más adelante) expresan distintos matices del significado de la acción verbal:

- *Ahora mismo **me pongo a estudiar** (comienzo).*
- *Mañana **volverá a llover** (repetición).*

GERUNDIO

1. Su función principal es la de modificar al verbo principal expresando distintas maneras de realizarse la acción:

- *El tiempo **pasa** **volando**.*
- *Muchas personas **disfrutan** **comiendo**.*

A veces se usa de modo independiente, en títulos o en cierto tipo de oraciones exclamativas:

- *Niños **comiendo** uvas.*
- *¡**Trabajando** a estas horas!*

2. Puede referirse

a) al sujeto del verbo principal, para expresar una acción adicional de aquél. En este caso tiene valor explicativo y va entre comas:

- ***Un turista, paseando** por la playa, encontró mil pesetas.*
- ***Cantando** canciones, **los alumnos** aprendieron español.*

NOTA:

El uso especificativo del gerundio es incorrecto. No se puede decir:

- **Un turista paseando por la playa...* por *Un turista que paseaba por la playa...*
- **Los alumnos cantando...* por *Los alumnos que cantaban...*

b) al complemento directo de un verbo:

- *Ayer **vi** a **Concha** **hablando** con su antiguo novio.*
- *Este cuadro **representa un barco** **cruzando** el estrecho.*

NOTA:

En estos supuestos, es necesario que el gerundio exprese una **acción** y no un estado o cualidad. Ejemplos como los que siguen son incorrectos:

- **Le **envié un paquete** **conteniendo** revistas. (= que contenía)*
- ***Saludé** a **una joven** **siendo** muy interesante. (= que era)*
- ***Compró una casa** **pareciendo** un palacio. (= que parecía)*

3. Con su sujeto propio, y posibles complementos, puede constituir una proposición subordinada que exprese una acción simultánea o anterior a la del verbo principal:

- ***Siendo** **tú** muy joven, hicimos un viaje al extranjero.*
- ***Jugando** **Quique** mañana, el éxito está garantizado.*
- ***Dimitiendo** **el director**, se agravarán los problemas.*

4. Puede ir seguido de complementos:

- *Juan se pasó toda la tarde **diciendo** tonterías.*
- *Se distrae **tirando** migas de pan a las palomas.*
- *Entró en el despacho **gritando** desaforadamente.*

5. No admite preposiciones, excepto *en* (en desuso hoy día), y, lo mismo que el infinitivo, puede llevar pronombres personales pospuestos:

- *Hablándo**les** en inglés te entenderán mejor.*

6. Con ayuda de un verbo auxiliar conjugado, forma frases verbales (ver más adelante) que modifican de algún modo su significado:

- *¿Qué **estás haciendo**?* (duración de la acción)
- *El enfermo **va mejorando** poco a poco.* (proceso gradual)
- ***Sigue lloviendo**.* (continuidad de la acción)

PARTICIPIO

1. Se usa con el verbo *haber* para formar los tiempos compuestos, y a veces con *tener*. En el primer caso es invariable:

- *Aún no he/has/ha/hemos, etc., **terminado**.*
- *Ya tengo **preparadas** las respuestas.*

2. Con el verbo *ser*, forma la llamada voz pasiva (ver Unidad 12):

- *Tras el incidente, varias personas fueron **detenidas**.*

3. Como adjetivo, puede complementar

a) a un nombre, directamente o como aposición explicativa:

- *La **leche** **condensada** es demasiado dulce.*
- *El **conocido** **actor** firmó cientos de autógrafos.*
- *Jorge, **cansado** de esperarnos, se marchó solo.*

b) al sujeto de un verbo, como atributo o como complemento de un nombre:

- ***El niño** está **ilusionado** con el juguete que le compraste.*
- ***El público** escuchó **emocionado** el testimonio de uno de los supervivientes.*

4. En «cláusulas absolutas» (participio + artículo + nombre) para expresar distintas circunstancias (de modo, tiempo, condición, etc.) previas a la acción verbal de la oración en que se incluyen:

- ***Rectificado** el error, aprobamos el acta por unanimidad.*
- ***Vistos** los antecedentes, no me parece oportuno intervenir.*

5. Puede ir acompañado de complementos:

- *La grúa retiró el coche **aparcado** en la acera.*

6. El significado de las perífrasis construidas con participio (ver más adelante) adquiere distintos matices según el tipo de verbo auxiliar que le preceda:

- *María **anda preocupada** buscando trabajo.* (persistencia)

C PERÍFRASIS VERBALES

Se construyen con ayuda de un verbo conjugado que, cuando va seguido de **infinitivo**, **gerundio** o **participio**, pierde total o parcialmente su significado.

Las perífrasis funcionan como si constituyeran una sola entidad verbal, cuyo significado experimenta determinadas modificaciones expresivas. Son abundantes en español, por lo que sólo presentamos aquí las más frecuentes:

DE INFINITIVO

Acabar de + INFINITIVO = acción recien terminada:

- *El tren* ***acaba de llegar****.* (Ha llegado ahora mismo.)

Acabar por + INFINITIVO = fin de un proceso, al que se llega después de algunas dudas, resistencias, etc.:

- ***Acabaré por comprar*** *un Volvo.* (Lo compraré finalmente.)

Darle (a alguien) por + INFINITIVO = actitud caprichosa, pintoresca, extravagante, etc.:

- *A Carlos* ***le dio por comer*** *sólo una vez al día.* (Acción no esperada de él.)

Deber + INFINITIVO = obligación moral:

- ***Debes ser*** *más tolerante con tus subordinados.* (Es moralmente necesario que lo seas.)

Deber de + INFINITIVO = suposición o conjetura:

- *No he visto al profesor, pero* ***debe de estar*** *en clase.* (Tiene clase a esta hora.)
- *Si gastan tanto, es que* ***deben de tener*** *mucho dinero.* (Probablemente lo tienen.)

Dejar de + INFINITIVO = fin de una acción habitual:

- *Mi novia* ***ha dejado de quererme****.* (Ya no me quiere.)

Haber que + INFINITIVO = obligación. Sólo en tercera persona del singular:

- *Para estar en forma* ***hay que hacer*** *ejercicio físico.* (Es necesario hacerlo.)

Ir a + INFINITIVO = comienzo de una acción, real o imaginaria, en un futuro próximo:

- ***Voy a contar*** *un chiste.* (Lo cuento ya.)
- *¡****Iba a hacer*** *tantas cosas!* (Tenía la intención de hacerlas en aquél momento.)

Ponerse a + INFINITIVO = comienzo de la acción:

- *Después de comer* ***me puse a corregir*** *los exámenes.* (Empecé la corrección...)

Quedar en + INFINITIVO = acuerdo para hacer algo:

- ***Quedamos en vernos*** *a las ocho.* (La cita es a las ocho.)

Tener que + INFINITIVO = obligación o necesidad:

- *Todos* ***tenemos que pagar*** *impuestos.* (La ley nos obliga.)
- *Perdí el bolígrafo;* ***tendré que comprar*** *otro.* (Necesito uno.)

Venir a + INFINITIVO = matiz aproximativo o de refuerzo respecto al significado del infinitivo:

- *El billete de ida y vuelta* ***viene a costar*** *unas 50.000 pesetas.* (Cuesta aproximadamente esa cantidad.)
- *Lo que dices* ***viene a confirmar*** *mis sospechas.* (Ahora tienen más fuerza o fundamento.)

Volver a + INFINITIVO = idea de repetición:

- *Lo que ya no esperábamos* ***volvió a ocurrir.*** (Ocurrió de nuevo.)

NOTA:

No hay perífrasis si el verbo auxiliar conserva íntegramente su significado original:

- **Mañana* ***vamos*** *a visitar a mis tíos en el pueblo.* (Acción de ir.)
- **Hans* ***volvió*** *a vivir en Madrid para aprender más español.* (Acción de regresar.)

DE GERUNDIO

Acabar + GERUNDIO = resultado final de un proceso:

- ***Acabó confesando*** *la verdad.* (Finalmente dijo la verdad.)

Andar + GERUNDIO = acción reiterada, a veces con un ligero matiz negativo:

- *Últimamente,* ***anda dando*** *recitales de piano.* (Toca el piano en diversos lugares, posiblemente como medio de ganarse la vida.)

Estar + GERUNDIO = acción en desarrollo que tiene lugar en el momento del cual se habla:

- *La policía* ***está buscando*** *pistas.* (La acción de buscar aún no ha terminado.)

Ir + GERUNDIO = acción en desarrollo gradual:

- *Con el tiempo, uno* ***va perdiendo*** *las ilusiones.* (Las ilusiones desaparecen poco a poco.)

Llevar + GERUNDIO = tiempo que dura la acción, aún no terminada en el momento del que se habla:

- *Cuando yo salí, el conferenciante* ***llevaba hablando*** *casi dos horas.* (Había comenzado dos horas antes.)

Quedarse + GERUNDIO = permanencia del sujeto y prolongación de la acción:

- *La novela era tan interesante que* ***me quedé leyéndo****la toda la tarde.* (La leí durante toda la tarde.)

Seguir + GERUNDIO = acción no acabada:

- *Pedro* ***sigue cometiendo*** *los mismos errores.* (Comete los mismos errores una y otra vez.)

Venir + GERUNDIO = acción en progreso desde un tiempo anterior al momento en que se habla:

- ***Viene explicando*** *este problema desde hace tiempo.* (Empezó a explicarlo hace tiempo y todavía no ha terminado.)

DE PARTICIPIO

Dar por + PARTICIPIO = la acción se considera acabada:

- *El profesor* ***dio por explicada*** *la lección.* (Ya había sido explicada.)

Dejar + PARTICIPIO = estado producido por acción anterior:

- *El accidente lo* ***dejó impedido*** *de una mano.* (No puede utilizarla.)

Llevar + PARTICIPIO = acción terminada provisionalmente, como parte de un proceso aún incompleto:

- ***Llevamos vistos*** *diez apartamentos y ninguno nos gusta.* (Hemos visto diez hasta ahora pero veremos más.)

Tener + PARTICIPIO = acción definitivamente acabada, a veces con un matiz acumulativo:

- ***Tengo preparada*** *una habitación por si vienes a visitarnos.* (La habitación está dispuesta para ti.)
- ***Tenemos previstas*** *todas las objeciones que pueda poner al proyecto.* (Hemos pensado en un número de posibles objeciones.)

PRACTICA

EXPLOTACIÓN

EJERCICIO A.1

Subraya las formas verbales no personales.

Ejemplo: *El comer es necesario.*

1. Se da por finalizada la sesión.
2. Terminó corriendo su tarea.
3. Va a nevar durante horas.
4. El saber no ocupa lugar.
5. Puede llegar en cualquier momento.
6. Esa familia está totalmente arruinada.
7. Me gusta acostarme temprano.
8. Salió de la casa dando un portazo.
9. Tengo pensada otra solución.
10. Me dormí, dejando a un lado mis preocupaciones.

EJERCICIO A.2

Cuando sea necesario coloca los verbos que van entre paréntesis en la forma no personal adecuada.

Ejemplo: Se rompió una pierna (esquiar).
Se rompió una pierna esquiando.

1. No podemos (terminar) hoy.
2. (Hablar) se entiende la gente.
3. Pienso (viajar) en tren todo el tiempo.
4. Le vi (saltar) las vallas con soltura.
5. La niña volvió (llorar) del colegio.
6. No me gustan los cuadros (pintar) al óleo.
7. (Tener) tanto dinero, vive miserablemente.
8. Ese traje (ceñir) a la cintura te sienta muy bien.
9. Ese hombre siempre habla (gritar).
10. Vivo (pasar) el edificio de correos.
11. Al (recibir) su telegrama me asusté.
12. Ya tengo (preparar) la cena.

B TAREA

EJERCICIO B.1

La policía está interrogando a Gonzalo sobre un hecho delictivo que tuvo lugar en unos grandes almacenes. Completa el diálogo con la forma no personal que corresponda. Escoge los verbos que te sirvan de esta lista: vestir, hablar, perseguir, estampar, cortar, sustraer, robar, correr, quitar, avisar, manejar, colaborar, esperar **y** detener.

POLICÍA: *(Mostrando una fotografía a Gonzalo.)* ¿Vio usted a este hombre ... con dos señoras?

GONZALO: Efectivamente. Lo vi ... con ellas.

POLICÍA: ¿Cómo iba ...?

GONZALO: Llevaba un pantalón vaquero y una camisa ...

POLICÍA: ¿Le vio ... algún artículo o prenda de vestir?

GONZALO: Observé que intentaba ... a las dos mujeres. Luego desapareció tras una columna con el bolso de una de ellas.

POLICÍA: Por lo visto, al ...-le el bolso, la mujer se cayó.

GONZALO: Eso es. Inmediatamente me dirigí a un empleado. Una vez ... éste, intenté ... al ladrón, pero se escapó ... calle abajo.

POLICIA: Déjelo en nuestras manos y gracias por su colaboración.

GONZALO: Es lo natural. Adiós, adiós.

EJERCICIO B.2

Completa esta carta con los siguientes verbos: cantar, tener, sentar, pasar, visitar, estar, preparar, mostrar, contar, ir **y** llegar.

Querida María Emilia:

No sabes lo que te agradezco que me hayas invitado de nuevo a ... Portugal en primavera.
Me encantará ... unos días en tu maravilloso chalet. Ya me imagino ... en la terraza a la luz de la luna y a tu hermano Joao ... esos fados que tanto me gustan. Además, no sabes cómo me seduce la idea de ... de excursión por los alrededores de Lisboa.
Espero ... la oportunidad de visitar Coimbra. Sé que eres una guía muy ... y que me podrás ... los maravillosos monumentos de esa histórica ciudad.
Estoy ... los días y no veo la hora de ... a Portugal.
Hasta pronto. Besos,

Cari.

EJERCICIO B.3

Ahora imagina que eres María Emilia. ¿Qué carta le envió a Cari? Escríbela tú utilizando el mayor número de formas no personales. Iníciala de la forma siguiente:

Querida Cari:

EJERCICIO B.4

Imagina las situaciones que se describen a continuación. Resúmelas utilizando perífrasis verbales.

Ejemplo: Una persona en un bote, con una caña de pescar en la mano. (PESCAR).
Está pescando.

1. Frank Sinatra en la pantalla de televisión y una melodía que sale de su boca. (CANTAR).
2. Una vista del horizonte, con el sol a punto de ocultarse. (OSCURECER).
3. Un paciente que tiene una cita con el médico a las cinco, y a las seis aún está en la consulta porque no lo ha llamado la enfermera. (ESPERAR).
4. Un avión que vuela a baja altura, muy próximo ya al aeropuerto de destino. (ATERRIZAR).
5. Una pareja de novios que van a casarse y necesitan un piso para vivir. Miran las ofertas en los periódicos y preguntan en varias agencias inmobiliarias. (BUSCAR).
6. Una persona muy cansada que se acuesta en un sofá y al poco rato cierra los ojos y ronca. (DORMIR).
7. Un extranjero que quiere saber el precio de un determinado producto. No lo sabes con exactitud, pero le dices que aproximadamente es de unas seis mil pesetas. (COSTAR).
8. Una persona cuya edad exacta desconoces, pero que en tu opinión aparenta unos cuarenta años. (TENER).
9. Has llegado al cine con un pequeño retraso, pero el acomodador te dice que en realidad sólo has perdido los dos primeros minutos de la película. (EMPEZAR).
10. Un profesor que tiene que calificar cuarenta exámenes y en este momento va por el número veinticinco. (CORREGIR).
11. Han desaparecido las nubes, ya no es necesario el paraguas y luce un sol esplendoroso. (LLOVER).
12. Un alumno muy estudioso, lo primero que hace cuando llega a su casa por la tarde es preparar las lecciones del día siguiente. (ESTUDIAR).

EJERCICIO B.5

Haz una encuesta entre tus compañeros y pregúntales qué van a hacer en las siguientes fechas. (Escribe tú mismo las preguntas y las respuestas utilizando ir a + INFINITIVO, seguir + GERUNDIO, tener que + INFINITIVO, ponerse a + INFINITIVO, dejar de + INFINITIVO.**)**

- Cuando termine el curso de español.
- Durante las vacaciones del próximo verano.
- El 14 de febrero (día de San Valentín).
- Durante la Semana Santa.
- Después de estudiar.
- El próximo fin de semana.
- El día de su cumpleaños.
- El día de los Santos Inocentes.

EJERCICIO B.6

En el texto que tienes a continuación se entremezclan las opiniones de un optimista y un pesimista sobre el año 2025. Sepáralas según lo que expresen.

1. Estaré viviendo cómodamente en Marte. 2. La Tierra será un desierto contaminado. 3. Habremos conseguido volar como los pájaros. 4. Los robots lo harán todo y yo viviré feliz sin trabajar. 5. Habré envejecido y tendré que llevar bastón. 6. Acabaremos viendo las televisiones de todo el mundo. 7. Habré dejado de ser joven. 8. No tendremos que pagar impuestos. 9. Volveremos a tener una guerra mundial. 10. Empezaré a soñar con el año 3000.

EJERCICIO B.7

Indica cuáles serían tus consejos y sugerencias en las siguientes situaciones.

1. Un amigo tuyo español quiere conocer tu país:

   Tienes que...
   Deberías...
   No debes...

2. Tu hermano o hermana quiere aprender español:

   Podrías...
   Deberías...
   Es importante...

3. Una amiga desea aprender karate:

   Tendrás que…
   Deberías…
   No podrás…

EJERCICIO B.8

De la lista de verbos que figura a continuación, elige el apropiado y después completa con perífrasis los minidiálogos: llevar, leer, venir, pensar, deber de, dejar de, ir a, acabar de, ponerse a, dar por, quedar en, andar.

Ejemplo: A: ¿Cómo va la vuelta ciclista a España?
B: En este momento los corredores ya *llevan recorridos* 750 kilómetros.

1. A: ¿Qué tal está Juana? Me han dicho que tiene problemas con su trabajo.
   B: Sí, … muy … porque no es seguro que vayan a renovarle el contrato.
2. A: ¿Ya has terminado de leer la novela?
   B: Casi, casi. En este momento … las últimas páginas.
3. A: Deberías hacer más ejercicio.
   B: Tienes razón. Mi mujer … …-me lo mismo desde hace tiempo.
4. A: ¿Hace mucho que empezó la película?
   B: No, … en este momento.
5. A: Ese hombre no es para ti. Tienes que olvidarlo.
   B: ¡Imposible! No puedo … en él.
6. A: Perdón por el retraso. ¿Hace mucho que llegaste?
   B: ¡… …-te una hora!
7. A: Ayer anunciaron lluvias para hoy en toda la región.
   B: Si, creo que … porque hay muchas nubes y el viento ha cesado.
8. A: ¡Qué raro! No me contestan al teléfono.
   B: … de vacaciones.
9. A: ¿A qué hora terminó la fiesta?
   B: Temprano, pero después Ignacio se … la guitarra y continuamos hasta las tantas.

RECUERDA

En esta Unidad has aprendido que:

1. Las formas no personales del verbo no indican de por sí las personas gramaticales que pueden ser sujeto de la oración.

2. Las formas no personales son tres: el infinitivo, el gerundio y el participio. Las dos primeras tienen una forma simple y otra compuesta.

3. Estas formas son importantes en las perífrasis verbales ya que permiten expresar ciertos matices de significado (forma continua, voz perifrástica).

4. El infinitivo es la forma que el verbo toma para funcionar como sustantivo. Las frases verbales construidas con infinitivo pueden expresar comienzo o repetición de una acción.

5. El gerundio es la forma que el verbo toma para funcionar como adverbio. Es la parte fundamental de las llamadas formas continuas e indica duración de la acción.

6. El participio es la forma que el verbo toma para funcionar como adjetivo. Además forma los tiempos compuestos y las frases verbales construidas con él expresan fin de la acción.

COMPRUEBA

Explica lo que aparece destacado en el texto «Manuel de Falla», al comienzo de esta Unidad.

Unidad 11
SER, ESTAR Y HABER

LEE

Fíjate en lo que está destacado en el texto.

VISITA A LA CATEDRAL DE BURGOS

Peter siempre había deseado visitar Burgos. ***Era*** *estudiante de arte en la universidad de Bamberg (Alemania) y* ***estaba*** *muy interesado en ver muestras del gótico español. La ocasión llegó cuando un amigo le dijo que* ***había*** *una oferta para viajar a España por poco dinero. Pensó que* ***sería*** *bueno aprovecharse de esta oportunidad y decidió comprar los billetes.*

A pesar de ***estar*** *muy cansado, nada más llegar a Burgos se dirigió a la catedral, que* ***está*** *en el centro de la ciudad. Allí descubrió que* ***había*** *otros estudiantes como él; unos* ***eran*** *holandeses, otros* ***eran*** *franceses, pero a todos les unía el deseo de* ***estar*** *frente a aquella maravilla arquitectónica.*

La transparencia y la luminosidad ***eran*** *los rasgos más impresionantes del edificio catedralicio. La planta* ***era*** *basilical, y las capillas* ***estaban*** *en los laterales.* ***Había*** *bóvedas que sorprendían al visitante por su altura y acabado.*

Al cabo de un rato se le acercó una joven. ***Era*** *española y esto le sorprendió porque* ***era*** *muy rubia y, además, hablaba muy bien el alemán. Le dijo que* ***era*** *la guía de la catedral y le preguntó si* ***estaba*** *solo o había venido con algún grupo. Peter le contestó que* ***estaba*** *solo, pero que le* ***estaría*** *muy agradecido si le explicaba algunos detalles que le* ***eran*** *difíciles de comprender. Finalmente, Peter le preguntó si* ***había*** *algún hostal cerca y si* ***estaba*** *libre aquella noche para invitarla a cenar.*

ESTUDIA

Ser, estar y *haber* funcionan como **verbos auxiliares** y como **verbos independientes**.

Como auxiliares, *ser* ayuda a formar la voz pasiva; *estar*, la forma progresiva o continua (con el gerundio) y *haber*, los tiempos compuestos:

- *El náufrago **fue rescatado** por unos pescadores.*
- ***Están transmitiendo** el partido de fútbol por la radio.*
- *¿**Has leído** el periódico esta mañana?*

Como verbos independientes, su significado léxico es poco definido, ya que denota la simple presencia o existencia de algo, o bien sus características:

- *Mi padre **es** médico.*
- *¿Dónde **está** Logroño?*
- ***Estás** muy delgado. ¿Qué has hecho?*
- *Tres cosas **hay** en la vida...*

A FORMA

Los tres verbos presentan irregularidades en algunos de sus tiempos (ver Apéndice). *Haber*, como verbo independiente (impersonal) se utiliza sólo en el infinitivo y en las terceras personas del singular.

B USOS Y FUNCIONES

ser

Ser, como verbo independiente, se usa para expresar

a) Identidad:

- ***Soy** Paco, el primo de María.*
- *Ésta **es** la Plaza Mayor.*

b) Características esenciales:

- *Sus padres **eran** alemanes.*
- *Fernando **es** alto, rubio y muy simpático.*

c) Profesión:

- *Carmen **es** economista.*

d) Materia, origen, pertenencia (generalmente con *de*):

- *El piso* ***es*** *todo de madera./El suelo* ***es*** *sintético.*
- *¿De qué parte de España* ***eres****?* ***Soy*** *asturiano/de Asturias.*
- *Estas llaves* ***son*** *de Arturo, creo./Estas llaves* ***son*** *suyas.*

e) Cantidad, tiempo, precio:

- *Dos y dos* ***son*** *cuatro.*
- ***Son*** *las tres en punto.*
- *¿Cuánto* ***es*** *el periódico?*

f) Opinión, obligación, etc., en construcciones impersonales:

- ***Es*** *preciso trabajar.*
- ***Es*** *probable que llueva.*

g) Lugar o fecha en que ocurre algo:

- *¿Dónde* ***es*** *la fiesta?*
- *La boda* ***será*** *en agosto.*

estar

Estar se usa para indicar

a) Estados o cualidades accidentales:

- *Pedro* ***está*** *enfermo.*
- *El agua* ***está*** *caliente.*
- ***Estoy*** *muy nervioso.*

b) Posición real o figurada:

- *El Sena* ***está*** *en París.*
- ***Estamos*** *en plena campaña electoral.*

c) Situación provisional (con *de*):

- *Mi hermana* ***está*** *de contable en una empresa.*
- *En agosto todo el mundo* ***está*** *de vacaciones.*

d) En la expresión de las cualidades, se usan tanto *ser* como *estar*, pero con matices diferentes (*ser* = cualidad esencial; *estar* = cualidad transitoria):

- ***Es*** *alto/****está*** *alto (para su edad).*
- ***Es*** *gordo/****está*** *gordo (ha engordado últimamente).*
- ***Es*** *moreno/****está*** *moreno (ha tomado el sol).*

ser/estar

Ser y *estar* se usan más o menos indistintamente para expresar

a) Fechas:

- *Mañana **es** 20/**estamos** a 20.*

b) Precio:

- *¿A cuánto/cómo **son/están** los plátanos?*

c) Estado civil:

- ***Es/Está** soltero, casado,* etc.

d) Comportamiento, con adjetivos como *amable, distante, frío, cariñoso,* etc.:

- *El jefe **fue/estuvo** muy amable con los empleados.*

e) Resultado de alguna actividad y estado del tiempo:

- *El concierto **fue/estuvo** magnífico.*
- *La mañana **es/está** espléndida.*

NOTA: Algunos adjetivos cambian de significado según que se construyan con *ser* o *estar:*

- *Ser bueno = bondadoso / Estar bueno = sano*
- *Ser rico = tener dinero / Estar rico = sabroso*

haber

Haber, en su uso impersonal, tiene el significado de *existir, ocurrir, celebrarse* y se conjuga siempre en tercera persona del singular aunque el nombre sea plural:

- ***Hay** una persona esperándote en la sala.*
- *Mañana no **habrá** función doble en el teatro.*
- *¿Cuántas monedas **había** en la caja?*
- *Parece que esta vez **ha habido** suerte.*
- *¿Qué **hay** para comer?*
- *No creo que **haya** tiempo suficiente.*
- *En total, puede **haber** unos doscientos matriculados.*

Para expresar este mismo significado con respecto a la primera y a la segunda persona hay que utilizar el verbo *estar:*

- *Del grupo de españoles, sólo **estaba** yo en el acto.*

Haber puede ir precedido de *lo, la, los, las,* si el referente ha sido mencionado con anterioridad:

- *Estos zapatos son un poco caros. **Los hay** más baratos.*

PRACTICA

EXPLOTACIÓN

EJERCICIO A.1

Utiliza el tiempo correcto de ser **o** estar.

Ejemplo: Lo toqué y pude comprobar que ... vivo.
*Lo toqué y pude comprobar que **estaba** vivo.*

1. La comida de ayer ... muy sabrosa.
2. ¿En qué ... pensando cuando te lo dije?
3. ... posible que el tiempo cambie.
4. Ten cuidado, el café ... muy caliente.
5. Este cuaderno .... de Carmen.
6. Puedes venir, ya ... en casa.
7. Con la crisis las dificultades ... muchas.
8. Mi hermano ... una persona muy alegre.
9. A pesar del golpe el jarrón ... intacto.
10. El jarrón que te compré ... rojo y negro.

EJERCICIO A.2

Elige la forma de ser **o** estar. **Ten en cuenta que sólo una es la correcta.**

Ejemplo: La cama era/estaba de madera.
*La cama **era** de madera.*

1. Lo que solicitas es/está justo.
2. Lo que está haciendo el gobierno con los impuestos, es/está inadmisible.
3. Seré/Estaré allí mañana por la noche.
4. ¡No serás/estarás capaz de hacerme eso!
5. Se ve que hoy eres/estás muy contenta.
6. ¡Es/Está verdad! ¡Lo ha dicho la tele!
7. Las cosas son/están muy mal.
8. El termómetro es/está un instrumento que mide la temperatura.
9. La jota es/está un baile aragonés.
10. Es/Está uno de los mejores médicos de la ciudad.

EJERCICIO A.3

Completa las frases con el tiempo correspondiente del verbo haber.

1. Hola, ¿qué ...? (fórmula de saludo).
2. Cuando volví a la oficina ... tres personas esperándome.
3. El profesor preguntó que si ... alguien interesado en solicitar una beca.
4. Al paso que vamos, el próximo año ... aún más paro.
5. ¿No ... antes una farmacia en este sitio?
6. La sala estaba medio vacía. Creo que en total ... unas 20 ó 25 personas.
7. El número premiado es el 45.630, no el 6.875 que tú me regalaste. Esta vez no ... suerte.
8. Es muy difícil que pueda conseguirte una plaza en el vuelo de las ocho, pero si ... alguna posibilidad te avisaría enseguida.
9. «No ... bien que cien años dure» (refrán).
10. «Me da la impresión de que aquí ... gato encerrado (algo oculto)» (refrán).

B TAREA

EJERCICIO B.1

Definiciones. **Lee las frases que tienes a continuación.**

Persona práctica

– Mi lema *es* «lo barato *es* caro».
– Mi armario *está* muy bien ordenado.
– Mis prendas preferidas *son* los pantalones vaqueros y las camisetas.
– *Soy* un «manitas» (habilidoso).
– *Estoy* preparado para lo que sea.

Define con frases similares a un deportista, **a un** tímido **y a un** extrovertido.

EJERCICIO B.2

Completa los minidiálogos con la información que se aporta.

1. A: (Saluda, identifícate y pregunta por la señora Soriano.) *Buenos días, soy Miguel Barrios. ¿Está la señora Soriano?*
   B: Sí, un momento, por favor.

2. A: ¿Diga?
   B: (Pregunta por Conchi e identifícate dando tu nombre [Carlos].)

3. A: (Pregunta por Jaime.)
   B: Sí, un momento. Ahora se pone.
4. A: (Ahora pregunta por su país de origen a la persona que te habla.)
   B: No, soy una prima de Fernando.
   A: Perdona. Es que me pareció detectar un ligero acento extranjero.

EJERCICIO B.3

Te has encontrado con un antiguo compañero de clase a quien no ves desde hace muchos años. Le comentas a un amigo común los cambios que has notado en él.

Antes: deportista, mucho pelo, optimista, contento, buen humor.
Ahora: gordo, calvo, pesimista, triste, contrariado.

Ejemplo: *¿Te acuerdas que antes* ***era*** *un deportista estupendo? Pues ahora* ***está*** *muy gordo.*

EJERCICIO B.4

¿Qué son? Adivina quién podría decir las frases que tienes a continuación.

– *Soy* negra y peluda.
– Las moscas *son* un manjar delicioso.
– Normalmente *estoy* colgada de algo.
– Mis telas *son* famosas y «atractivas».
ERES UNA …

– *Soy* leche fermentada.
– *Estoy* lleno de bacterias benignas.
– Normalmente *estoy* en la nevera.
– *Soy* de muchos sabores.
ERES UN …

– *Soy* un gel blanco.
– *Soy* tu máxima protección contra la caries.
– *Estoy* metida en un tubo.
– *Estoy* en tu boca, al menos, tres veces al día.
ERES LA …

– *Soy* de piel.
– *Soy* estupenda guardando monedas, billetes y tarjetas.
– Normalmente *estoy* en tu bolsillo o tu bolso.
– Siempre *estoy* de moda.
ERES UNA …

EJERCICIO B.5

Ahora escribe textos similares para definir: una nube, un árbol, un lápiz **y** un hipopótamo. **Utiliza** ser **y** estar.

EJERCICIO B.6

Resume en dos palabras, utilizando ser **o** estar, **el contenido de las frases siguientes.**

- Nació en España. ⇒ *Es español.*
- Tiene mujer. ⇒ *Está casado.*
- Enseña en la universidad. ⇒ ...
- Tiene menos de 40 años. ⇒ ...
- Mide 1.90. ⇒ ...
- Se parece a Robert Redford. ⇒ ...
- Tiene mucho dinero. ⇒ ...
- Cuenta chistes y nos reímos mucho con él. ⇒ ...
- Tiene un coeficiente mental muy alto. ⇒ ...
- Practica varios deportes. ⇒ ...
- Tiene el pelo rojizo. ⇒ ...
- Se levanta muy temprano. ⇒ ...
- No tiene problemas de ningún tipo. ⇒ ...
- Hoy trabajó mucho y quiere descansar. ⇒ ...
- Acaba de llamarme desde su casa. ⇒ ...

EJERCICIO B.7

A continuación tienes una breve descripción de la isla de La Palma, una de las Islas Canarias. Léela y escribe un texto similar sobre tu ciudad o región.

LA ISLA BONITA

La Palma *es* la más occidental de las Canarias, la más verde y la más variada. *Es*, sin embargo, una tremenda desconocida para el conjunto de los españoles. Los canarios, por lo general, *son* bastante competitivos a la hora de hablar de sus respectivas islas, pero coinciden en piropearla y la definen como **la isla bonita**.

Su capital *es* Santa Cruz de la Palma. *Es* el centro de comunicaciones de la isla. Hacia el norte *están* los barrancos, las carreteras de arena, los almendros; hacia el sur *están* los volcanes; por el centro, las montañas.

En los prósperos valles centrales *están* los pueblos de El Paso y los Llanos de Aridane. Tras una carretera llena de curvas *está* el llamado **túnel del tiempo**, que atraviesa las montañas. El nombre *es* perfecto: resulta impresionante entrar por un lado del túnel en medio de una fuerte llovizna y salir al otro lado con un sol resplandeciente.
En el centro de la isla *está* situada la llamada Caldera de Taburiente, que *es* un gigantesco cráter volcánico de unos diez kilómetros de diámetro. Atravesarlo *es* una auténtica y apasionante aventura para todos los amantes de la naturaleza.
¿Te animas a visitarla?

EJERCICIO B.8

Haz un dibujo con la información siguiente.

En el centro del pueblo hay una plaza. Antes había cinco árboles pero ahora sólo quedan tres. Hay una fuente de la que no mana agua. Al norte de la plaza está la farmacia. No es muy grande y a su lado está la panadería. Hay una mujer delante de la puerta.
Al sur está el restaurante «Casa Ambrosio». Es más pequeño que la panadería y siempre hay cola para entrar. Hace unos años, a su izquierda había un solar donde jugaban los niños. Ahora hay una cafetería muy amplia y moderna.
Al este de la plaza hay tres tiendas: una de muebles, una lencería y un bazar.
Al otro lado de la plaza, finalmente, están el cine y el bingo. El cine es grande y está junto al bingo, que es más pequeño y está pintado de verde.

RECUERDA

En esta Unidad has aprendido que:

1. Los verbos *ser, estar* y *haber* funcionan como verbos auxiliares y como verbos independientes.

2. Como verbos independientes su significado es impreciso, ya que denotan presencia o existencia de algo.

3. *Ser* se usa para expresar identidad, características esenciales, profesión, materia, origen, cantidad, tiempo y lugar o fecha en que ocurre algo.

4. *Estar* se usa para indicar estados o cualidades accidentales, posición real o figurada y situación provisional.

5. *Ser* y *estar* se usan más o menos indistintamente en ciertas expresiones relacionadas con precios, fechas y estado civil.

6. *Haber,* en su uso impersonal, tiene el significado de *existir, ocurrir,* y se construye siempre en tercera persona del singular.

COMPRUEBA

Explica los usos de los verbos *ser, estar* y *haber* destacados en el texto «Visita a la catedral de Burgos» con que se inicia esta Unidad.

Unidad 12
LA PASIVA Y LA IMPERSONALIDAD

LEE

Fíjate en lo que está destacado en el texto.

PERAS AL AGUARDIENTE

2 kilos de peras de agua. 1/2 litro de aguardiente seco. 500 gramos de azúcar.
***Se pelan** las peras y **se parten** por la mitad, quitándoles el corazón.*
***Se echan** en el* Römertopf, *cubriéndolas de azúcar y aguardiente.*
***Se tapa** la marmita de barro y **se mete** en el horno, todavía frío, en donde permanecerán más o menos una hora a 200 grados.*
***Se sirven** acompañadas de salsa de chocolate y nata.*

M. MORAL. **Cocinando español con Römertopf.** E. Bay, 1973

ACCIDENTE EN LA CARRETERA

Cuarenta y cinco personas que viajaban en un autobús de servicio discrecional resultaron heridas, cuatro de ellas graves, por una distracción del conductor que ocasionó un choque contra la parte trasera de un camión articulado, cargado de madera, en la N-620, a 14 kilómetros de Burgos.
*Todos los ocupantes del autocar **fueron trasladados** en ambulancias y coches particulares al hospital más cercano. A lo largo de la mañana de ayer **fueron dados** de alta todos los heridos leves. Dos de los viajeros en estado grave **fueron sometidos** a una intervención quirúrgica.*

El País, 12/9/92. (Resumido y adaptado)

ESTUDIA

A DEFINICIÓN

Se conoce con el nombre de pasiva la frase verbal compuesta por *ser* + participio, así como la construcción *se* + tercera persona del verbo. Hay pues en español dos clases de oraciones pasivas: la propiamente pasiva (pasiva con *ser*) y la pasiva pronominal o refleja (pasiva con *se*). En ambas, el sujeto gramatical es la persona o cosa (sujeto paciente) que recibe la acción del verbo.

Las oraciones pasivas, por lo tanto, sólo son posibles con verbos transitivos:

- ***Varios sospechosos** __**han sido detenidos**__ por **la policía**.*
  (Suj. paciente) (Suj. agente)
- ***La ley de presupuestos** __**fue aprobada**__ por **el Parlamento**.*
  (Suj. paciente) (Suj. agente)
- ***La reunión** __**fue suspendida**__ sin previo aviso.*
  (Suj. paciente)
- *__**Se suspendió**__ **la reunión** sin previo aviso.*
  (Suj. paciente)

B FORMA

1. El sujeto gramatical de la oración activa es siempre el sujeto agente, es decir, el que realiza la acción verbal:

- ***El Parlamento** __**aprobó**__ **la ley de presupuestos**.* (Oración activa)
  (Suj. agente) (Compl. directo)

2. Lo que es complemento directo en la oración activa pasa a ser sujeto de la oración pasiva:

- ***La ley de presupuestos** __**fue aprobada**__ por **el Parlamento**.* (Oración pasiva)
  (Suj. paciente) (Suj. agente)

3. En la pasiva con *se* es más frecuente que el sujeto figure detrás del verbo:

- *__**Se vende**__ **coche usado**. Precio interesante.*

4. En las oraciones pasivas con *ser* el sujeto agente va precedido de la preposición *por*:

- *El documento deberá ser firmado **por** el secretario.*

5. Recuerda que el sujeto agente es el que realiza la acción. Por lo tanto, sólo «sus superiores» puede ser sujeto agente en las siguientes oraciones:

- *Pedro fue condecorado **por** sus superiores.*
- *Pedro fue condecorado **por** su actuación.*
- *Pedro fue condecorado **por** haber resuelto el problema.*
- *Pedro fue condecorado **por** primera vez.*

6. En la pasiva con *se* el verbo concuerda en número con el sujeto paciente:

- ***Se*** *alquil**a** apartament**o**.*
- ***Se*** *alquila**n** apartamento**s**.*
- ***Se*** *necesit**a** un estudiant**e** que hable alemán.*
- ***Se*** *necesita**n** estudiante**s** que hablen alemán.*

C USOS Y FUNCIONES

1. Aunque el español tiene marcada preferencia por la construcción activa, se utiliza la pasiva en los siguientes casos: a) cuando queremos destacar el sujeto paciente, b) cuando el sujeto agente es desconocido, o bien c) cuando éste ya es conocido y no hace falta identificarlo.

2. La **pasiva con** *ser* se utiliza preferentemente en el lenguaje escrito, sobre todo en el periodístico, y en relación con tiempos verbales pasados. El sujeto agente suele mencionarse en estos casos (ver «por la policía», «por el Parlamento» en los ejemplos de A. Definición).

3. La **pasiva con** *se* es siempre impersonal, es decir, no lleva sujeto agente explícito.

4. La **impersonalidad** también puede expresarse utilizando la **voz activa**, mediante alguno de los siguientes procedimientos:

a) Con el pronombre *se*, aunque el verbo no sea transitivo:

- *¡Qué bien **se** está aquí!*
- *¿Por dónde **se** va a la estación?*

b) Con el pronombre *se* seguido de un verbo en tercera persona del singular, si el sujeto paciente es de persona y el verbo se construye con la preposición *a* (activa impersonal):

- ***Se*** *invit**ó** **a** la **esposa** del presidente.*
- ***Se*** *ayud**ó** **a** las **personas** más necesitadas.*

c) Con el pronombre *uno*, que funciona como sujeto indefinido de la oración:

- ***Uno*** *hace lo que puede.*
- ***Uno*** *cambia de opinión con el tiempo.*

d) Con el pronombre de segunda persona *te*, que funciona como marca de impersonal coloquial:

- ***Te*** *mueves, y los demás ni se enteran.*
- ***Te*** *sacrificas, pero nadie te lo agradece.*

e) Con la tercera persona del plural del verbo:

- ***Dicen*** *que te vas para La Gomera.*
- *En la banca **pagan** normalmente buenos sueldos.*

PRACTICA

A EXPLOTACIÓN

EJERCICIO A.1

Indica qué oraciones son activas, pasivas o pasivas reflejas.

Ejemplo: Este cuadro fue pintado por Velázquez. *Pasiva.*

1. El árbol fue derribado por el vendaval.
2. El perro devoró los huesos.
3. Aquí se construirá pronto un puente.
4. El portal es luminoso.
5. El portal es abierto por el portero.
6. Mi padre fue teniente en 1953.
7. Mi padre fue ascendido en 1953.
8. Se recitó un poema en clase por los alumnos.

EJERCICIO A.2

Transforma en pasivas reflejas las siguientes oraciones.

Ejemplo: El testamento fue leído en presencia de todos.
Se leyó el testamento en presencia de todos.

1. El barco fue divisado desde el faro.
2. Los cuadros habían sido comprados mucho antes.
3. La carta fue abierta sin que ella lo supiera.
4. Los presupuestos fueron recortados en un 5 por 100.
5. Sus palabras fueron escuchadas con atención.

EJERCICIO A.3

Trasforma en pasivas las siguientes oraciones.

Ejemplo: Italia ganó el Mundial de fútbol en 1982.
El Mundial de fútbol fue ganado por Italia en 1982.

1. Gaudí construyó la Sagrada Familia en 1920.
2. Los astrónomos han descubierto la formación de una nueva galaxia.
3. Seis países fundaron el Mercado Común en 1957.
4. Alexander Graham Bell inventó el teléfono.
5. Ofrecerán el próximo Nobel de Literatura a un escritor español.

EJERCICIO A.4

Indica qué oraciones son pasivas y cuáles no lo son.

1. Se prohíbe el paso.
2. Se ve que tienes las ideas muy claras.
3. No se oye lo que dices.
4. ¿Se puede?
5. Se ruega puntualidad.
6. ¿Cómo se dice eso en español?
7. ¿Qué se debe?
8. ¿Se puede saber qué te pasa?
9. ¡Así se habla!
10. ¡En casa no se juega a la pelota, niños!

B TAREA

EJERCICIO B.1

Aquí tienes una serie de titulares de periódicos. Haz preguntas y responde con la información que te dan utilizando la pasiva.

Ejemplo: Cosechas destruidas por fuerte vendaval
A: *¿Qué pasó con las cosechas?*
B: *Que fueron destruidas por un fuerte vendaval.*

ROLLS ROYCE ROBADO EN LA CALLE EN PLENO DÍA
LA COLECCIÓN THYSSEN DONADA AL ESTADO ESPAÑOL
RESTAURANTE DESTRUIDO POR UNA EXPLOSIÓN
NARCOTRAFICANTES DETENIDOS EN GRAN REDADA
GOYA VENDIDO EN 200 MILLONES DE PESETAS
CONOCIDO POLÍTICO INTERROGADO SOBRE CASO DE CORRUPCIÓN

EJERCICIO B.2

¿Con qué se hace? Haz oraciones pasivas reflejas utilizando los verbos siguientes: secar, indicar, medir, cortar, señalar, sazonar.

Ejemplo: Temperatura/termómetro
La temperatura ***se mide*** *con el termómetro.*

– Inteligencia/test
– Dirección/señales de tráfico
– Comida/especias
– Tiempo/reloj
– Hierba/cortacésped
– Pelo/secador

EJERCICIO B.3

Test cultural. Señala cuál es la contestación correcta utilizando pasivas o pasivas reflejas.

Ejemplo: ¿Quién inventó la radio? BELL, EDISON, MARCONI.
Fue inventada por Marconi.

1. ¿Quién ha escrito las novelas policíacas cuyo detective es Pepe Carvalho? AGATHA CHRISTIE, GEORGES SIMENON, VÁZQUEZ MONTALBÁN.
2. ¿Quiénes construyeron las pirámides? LOS GRIEGOS, LOS EGIPCIOS, LOS ROMANOS.
3. ¿Quién pronunció la frase «Ser o no ser»? FRANCO, HAMLET, BISMARCK.
4. ¿Quién asesinó a Julio César? BRUTO, MARCO ANTONIO, ARISTÓTELES.
5. ¿Quién dirigió la película *Mujeres al borde de un ataque de nervios*? FASSBINDER, HITCHCOCK, ALMODÓVAR.
6. ¿Quién ha interpretado el personaje de James Bond un mayor número de veces? SEAN CONNERY, ANTONIO BANDERAS, GARY COOPER.
7. ¿Qué lengua se habla en Venezuela? VENEZOLANO, PORTUGUÉS, ESPAÑOL.
8. ¿Qué se construye en un «astillero»? BARCOS, AVIONES, ASTILLAS.
9. ¿Quién escribió *El Quijote*? SHAKESPEARE, CERVANTES, GOETHE.
10. ¿Qué equipo ha ganado más veces el campeonato de liga del fútbol español? ALCOYANO, SESTAO, REAL MADRID.

EJERCICIO B.4

Con la información que hay en la tabla, completa las oraciones y preguntas con pasivas y/o pasivas reflejas.

Carbón	Asturias	Producir
Acero	País Vasco	Fundir
Coches	Valladolid	Montar
Barcos	El Ferrol	Construir
Trigo	La Mancha	Cultivar

1. El trigo … en La Mancha.
2. Los barcos … en El Ferrol.
3. El carbón … en Asturias.
4. Los coches … en importantes cadenas de montaje en Valladolid.
5. El acero … en las numerosas fundiciones del País Vasco.
6. ¿Dónde …? Principalmente, en El Ferrol.
7. ¿Qué … en …? Carbón.

8. ¿… trigo …? Sí, abundantemente.
9. ¿… en Valladolid? Barcos, no; coches.
10. El acero … en … y se exporta a toda Europa.

EJERCICIO B.5

Utilizando la información que tienes a continuación sobre la recogida del café, escribe un texto con el mayor número de pasivas posible.

Fase 1. De mediados de septiembre a mediados de diciembre

- preparar suelo (arar, fertilizar);
- plantar (4 semillas por agujero).

Fase 2. De mediados de diciembre a mediados de marzo

- período de crecimiento;
- regar y fertilizar los arbustos;
- desparasitar.

Fase 3. De mediados de marzo a mediados de octubre

- recoger el grano;
- secar al sol;
- transportar a la fábrica;
- tostar en diferentes grados;
- exportar.

RECUERDA

En esta Unidad has aprendido que:

1. En español hay dos clases de oraciones pasivas: la que se construye con *ser* y el participio, y la pasiva refleja, que se construye con el pronombre *se*.

2. En ambas, el sujeto es la persona o cosa que recibe la acción del verbo.

3. Las oraciones pasivas sólo son posibles con verbos transitivos.

4. La pasiva se utiliza, principalmente, cuando queremos destacar el sujeto paciente, cuando el agente es desconocido, o bien cuando éste ya es conocido y no hace falta identificarlo.

5. La pasiva con *se* es siempre impersonal, es decir, no lleva un sujeto agente explícito.

6. La impersonalidad también puede expresarse con la voz activa.

COMPRUEBA

Explica el uso de los verbos destacados en los textos con que se inicia esta Unidad.

Unidad 13
EL ADVERBIO

LEE

Fíjate en lo que está destacado en el texto.

UNA DE CHISTES

1. *–¿Llueve* ***siempre aquí arriba?***
   –No, señor, en invierno ***también*** *nieva.*

2. *Una señora* ***muy*** *gorda está con su marido en lo alto de una montaña. El marido le dice:*
   – No hagas tonterías, que te puedes caer y hay casas habitadas ***debajo.***

3. *–¿Ha dormido usted* ***bien*** *con la ventana abierta, como le recomendé?*
   –No, ***muy mal****. Me han robado el dinero y la mesilla de noche.*

4. *–Perdone, señor. ¿Cómo ha encontrado el bistec?*
   – ***Por casualidad****, debajo de un guisante.*

5. *El revisor descubre a un pasajero que viaja en primera con un billete de segunda.*
   –¿Y usted cómo se encuentra ***aquí****? –le pregunta* ***severamente****.*
   *–****Muy bien****, gracias.*

6. *En la autopista, un automovilista va a 180 kilómetros por hora.* ***De repente****, lo detiene un policía y le pide el permiso de conducir.*
   –¿Conducía ***muy deprisa****? –pregunta el automovilista, contrariado.*
   –¡Oh, no! –responde el policía–. ¡Estaba volando ***muy despacio****!*

ESTUDIA

El **adverbio** es la palabra que modifica o precisa el significado de alguno de los siguientes elementos gramaticales:

a) un verbo *(**Aquí** vive mi cuñada.)*
b) un adjetivo *(La vida está **muy** cara.)*
c) un adverbio *(El tráfico está **muy** mal en todas partes.)*
d) un nombre *(El **entonces** director tenía mucho poder.)*
e) una oración *(**Sinceramente**, deberíamos intentar ayudarle.)*

Los adverbios pueden ser simples o compuestos. Por su significado, pueden expresar modo, tiempo, lugar, cantidad, duda, afirmación y negación.

A FORMA

1. Los adverbios son **simples**, cuando constan de una sola palabra (*bastante*, *despacio*, *temprano*, etc.), y **compuestos**, si son resultado de la unión de otros elementos (*antes* + *ayer* > *anteayer*, etc.), se forman con el sufijo *-mente* (*perfectamente*, *frecuentemente*, etc.) o mediante agrupaciones de palabras precedidas de una preposición (*de repente*, *por casualidad*, *al mismo tiempo*, etc.). En algunos casos, estas expresiones o frases adverbiales se corresponden con un adverbio terminado en *-mente: repentinamente*, *casualmente*, *simultáneamente*.

2. Algunos adverbios admiten las formas del diminutivo: *poquito*, *despacito*, *cerquita*, etc.

3. Igual que los adjetivos, algunos adverbios admiten el grado de comparación, e incluso el superlativo: *más temprano que*, *tan lejos como*, *cerquísima*, *lejísimos*.

4. Los adverbios *mucho* y *tanto* adoptan las formas *muy*, *tan* si modifican a adjetivos o a adverbios. *Recientemente* se transforma en *recién,* si le sigue un participio:

- *Es **muy** bonito*
- *¡Es **muy** tarde!*
- *¡Es **tan** fácil!*
- *Prefiero un coche **recién** salido de fábrica.*

5. Algunas palabras que expresan cantidad como *bastante*, *poco*, *mucho*, etc., pueden funcionar como adjetivos y como adverbios. En este último caso son invariables:

- *Tengo **poca*** (Adjetivo) *suerte, pero me lamento **poco**.* (Adverbio)
- *Tengo **bastantes*** (Adjetivo) *amigos, y son **bastante*** (Adverbio) *influyentes.*
- *Trabajo **mucho**,* (Adverbio) *y tengo **muchos*** (Adjetivo) *problemas.*

6. Para precisar las circunstancias que expresan, algunos adverbios completan su significado con palabras precedidas de una preposición:

- *Llegaré* ***mañana*** ***por*** *la tarde.*
- *Ya es* ***tarde para*** *arrepentirse.*

7. Algunos adverbios pueden combinarse con indefinidos y cuantificadores:

- *Más* ***allá.***
- *Más* ***arriba****, más* ***abajo****.*

8. En algunas frases adverbiales el adverbio funciona como un adjetivo:

- *Anduvimos carretera* ***arriba****.*
- *Vive río* ***abajo****.*

9. Los adverbios en *-mente* se forman añadiendo esta terminación a la forma femenina del adjetivo o a la forma del adjetivo en singular si éste es invariable. Cuando hay varios de estos adverbios unidos por alguna conjunción *(y, ni, pero,* etc.), sólo el último lleva esta terminación:

- ***Lenta****, pero* ***eficazmente****, iba superando los obstáculos.*

10. Los siguientes adjetivos no forman adverbios en *-mente*:

a) los que expresan colores o aspecto físico: *azul, amarillo, gordo, viejo,* etc.

b) los adjetivos que indican nacionalidad o religión: *español, budista,* etc.

c) los numerales ordinales, excepto *primeramente* y *últimamente.*

B USOS Y FUNCIONES

1. Complemento de un verbo. Ya hemos indicado más arriba que una de las funciones propias del adverbio es la de modificar o precisar el significado de un verbo, es decir, la de presentar alguna o algunas de las circunstancias (de modo, lugar, tiempo, cantidad, etc.) en que ocurre la acción verbal:

- *Te veré* ***luego****.* (tiempo)
- ***Allí siempre*** *te divertirás* ***mucho****.* (lugar, tiempo, cantidad)

2. Complemento de un adjetivo. Los adverbios antepuestos a un adjetivo completan la significación de éste. En esta función se usan principalmente los adverbios que expresan modo o cantidad:

- *Eso es* ***difícilmente comprobable****.*
- *Su padre es* ***muy rico****.*

3. Complemento de un adverbio. Un adverbio puede también completar el significado de otro que le sigue:

- *Hablas español* ***bastante*** ***bien****.*
- *Conduces* ***muy*** ***despacio****.*
- ***Nunca*** ***jamás*** *volví a verla.*

4. Complemento de un nombre. Algunos adverbios pueden desempeñar la función de adjetivo y así calificar a un nombre en posición adyacente:

- *Una* ***casa*** ***así*** *no se encuentra todos los días.*
- *María es una* ***niña*** ***bien****.*
- *El* ***por ahora*** ***secretario*** *parece que tiene interés.*

5. Adverbios oracionales o «periféricos». Son los que no están integrados en la oración y, generalmente, reflejan el punto de vista o actitud del hablante con respecto al contenido de aquella:

- ***Básicamente****, lo que quiere es tener un trabajo digno.*
- *Ésta,* ***naturalmente****, sería una solución provisional.*
- *Pedro prometió que vendría;* ***sin embargo****, no vino.*

6. Adverbialización de adjetivos y nombres. Unos cuantos adjetivos y nombres funcionan como adverbios en expresiones que pueden considerarse fijas o coloquiales:

- *Habla más* ***alto/bajo/claro****.*
- *Ariel lava más* ***blanco****.*
- *Desde allí fui* ***directo*** *a la estación.*
- *¡Dale* ***duro!*** *(Pégale* ***fuerte****.)*
- *La cena me sentó* ***fatal.***
- *Tienes que pisar* ***fuerte*** *si quieres triunfar.*
- *Si juegas* ***limpio*** *no tendrás problemas.*
- *Ven* ***rápido****, por favor.*
- *Ayer lo pasamos* ***bomba*** *en la fiesta.*
- *La película me gustó* ***cantidad****.*
- *Me divertí* ***horrores****. Lo pasé* ***fenómeno****.*

7. Adjetivos en lugar de adverbios. Algunos adverbios acabados en *-mente* pueden sustituirse por el adjetivo correspondiente cuando se refieren más al sujeto que al verbo:

- *El público gritaba* ***acalorado*** *por la actitud del árbitro.*
- *Todos aceptamos* ***alegres*** *el resultado final.*
- *Pedro aspira a vivir* ***tranquilo*** *y sin problemas.*

C COLOCACIÓN

1. Verbo + adverbio: *Llegaré* ***tarde***.
2. Adverbio + verbo: ***Pronto*** *tendrás noticias mías.* (énfasis)
3. ***Apenas***, ***casi***, ***quizás*** + verbo: ***Apenas*** *salgo de casa.*
4. ***Muy***, ***bastante*** + adjetivo + adverbio: *El español es* ***muy*** *fácil.*
5. Adverbio + adverbio: *Es* ***temprano todavía./Todavía*** *es* ***temprano***.
6. ***Aquí***, ***ahí***, ***allí***, ***allá***, ***ayer***, ***hoy***, ***mañana*** + adverbio: ***Allá*** *abajo.*
7. Verbo auxiliar + participio + adverbio: *Has dormido* ***bastante***.
8. Adverbio oracional + oración: ***Afortunadamente***, *su tío pudo ayudarle.*
9. Sujeto + adverbio oracional + predicado: *El aparato,* ***técnicamente***, *es perfecto.*
10. Oración + adverbio oracional: *Iremos todos,* ***ciertamente***.

PRACTICA

A EXPLOTACIÓN

EJERCICIO A.1

Subraya los adverbios que encuentres en las siguientes oraciones.

Ejemplo: El cocodrilo, en tierra, se mueve <u>lentamente</u>.

1. Vino ayer extrañamente serio.
2. Estudia bastante por las tardes.
3. Me marcharé pronto, quizá.
4. Subió penosamente por la escalera hasta el ático.
5. Carmen vive ahora bastante cerca de aquí.

EJERCICIO A.2

Sustituye la palabra destacada por una frase adverbial y asegúrate de su colocación apropiada.

Ejemplo: Hace las cosas *concienzudamente./a conciencia.*

1. Mi tía nos visita *frecuentemente.*
2. *Desgraciadamente,* el consumo de drogas sigue aumentando.
3. El teatro ya está *completamente* terminado.
4. Dime *exactamente* lo que necesitas.
5. Aseguró *firmemente* que cumpliría lo prometido.

EJERCICIO A.3

Sustituye por adverbios terminados en -mente **las palabras que aparecen destacadas.**

1. Esta decisión se tomó *por unanimidad.*
2. La familia de Juana nos recibió *con amabilidad.*
3. Golpeó al caballo *sin piedad*.
4. Trata a la gente *sin consideración*.
5. La lista de alumnos está hecha *por orden alfabético*.

EJERCICIO A.4

Llena los huecos con el adverbio más adecuado: en seguida, más, mucho, pronto, siempre, nunca, bien, muy.

1. Corrió ... y llegó todo sofocado.
2. El cielo estará parcialmente cubierto y lloverá ...

3. Habla muy claramente y se le entiende ...
4. Lo que hiciste estuvo .... mal.
5. Si caminaras más rápido llegaríamos ...
6. Se puso ... rojo que un tomate.
7. En el desierto del Sáhara no llueve ...
8. El sol ... sale por el este.

EJERCICIO A.5

De los adverbios destacados ¿cuáles pueden sustituirse por adjetivos?

1. La patrulla avanzaba *sigilosamente* por el bosque.
2. Ese problema es *particularmente* difícil.
3. El juez examinó el caso *detenidamente*.
4. Los empleados saludaron *respetuosamente* al nuevo jefe.
5. Recorrimos *gustosamente* todos los lugares de interés.
6. El cortejo descendió *solemnemente* por la escalinata.
7. En Londres visitaré *principalmente* el Museo Británico.
8. Esta vez el autobús llegó *puntualmente*.

B TAREA

EJERCICIO B.1

Éste es el diario semanal del supermercado Las Canteras. **En él se ven algunas de las mercancías que compra o recibe.**

Lunes	Martes	Miércoles	Jueves	Viernes
pan	pan	pan	pan	pan
carne		carne		
leche	leche	leche	leche	leche
				café
	vino			
refrescos			refrescos	

Construye cinco oraciones verdaderas (V) y cinco falsas (F) utilizando la información del cuadro y alguno de los siguientes adverbios: sólo, nunca, siempre, diariamente, a menudo, con frecuencia, de sobra, bastante.

Ejemplos: *El café* ***sólo*** *llega los viernes.* **(V)**
El supermercado recibe carne ***diariamente***. **(F)**

EJERCICIO B.2

Un cuestionario muy personal.

1. ¿A qué hora te levantas?
2. ¿A qué hora te acuestas?
3. ¿Tomas bebidas alcohólicas?
4. ¿Ves mucha televisión?
5. ¿Te quedas en casa los fines de semana?
6. ¿Te gusta la música pop?
7. ¿Sales mucho por las noches?
8. ¿Le dedicas suficiente tiempo al español?
9. ¿Te gustan los españoles?
10. ¿Haces deporte?

Ahora contesta al cuestionario, pero sólo con un adverbio simple o compuesto.

Ejemplo: ¿A qué hora te levantas? *Temprano./Al amanecer.*

EJERCICIO B.3

Completa los siguientes minidiálogos. En la respuesta, utiliza el adverbio que está entre paréntesis.

A: ¿La calle del Castillo, por favor? (cerca)
B: *Está aquí cerca.*

A: La Caja de Ahorros está por aquí, ¿verdad? (detrás)
B: ...

A: ¿Hay aparcamiento cerca del cine? (arriba)
B: ...

A: ¿Qué tal conduce Rosario? (peor)
B: ...

A: ¿Por qué tienes tanta prisa? (tarde)
B: ...

A: ¿Hoy hace muchísimo frío? (probablemente)
B: ...

A: ¡Qué pájaro tan raro! (nunca)
B: ...

A: ¿Me enviaste la carta a mi domicilio? (por error)
B: ...

EJERCICIO B.4

Tere Martín es profesora de español para extranjeros. Ha tomado notas sobre las características y los errores que cometen sus alumnos. Defínelos utilizando un adverbio acabado en -mente.

Ejemplo: HELGA: Ortografía *descuidada.*
Helga escribe ***descuidadamente***.

INGE: Muy trabajadora. Aprendizaje rápido.
JANE: Progreso satisfactorio.
HANS: Conversación fluida.
DIETER: Le cuesta avanzar. Muy lento.
VITTORIO: Pronunciación incorrecta.
DANIELLE: Amplio dominio de la gramática.

RECUERDA

En esta Unidad has aprendido que:

1. Los adverbios modifican a un verbo, un adjetivo, un adverbio, un nombre o una oración.

2. Los adverbios pueden ser simples (constan de una palabra) o compuestos (formados con *-mente* o con dos o más palabras).

3. Expresan modo, tiempo, lugar, cantidad, duda, afirmación y negación.

4. Algunos adverbios admiten formas del diminutivo; también pueden admitir formas del comparativo y superlativo.

5. Algunas palabras pueden funcionar como adjetivos y como adverbios.

6. Algunos adverbios complementan su significado con palabras precedidas de preposición.

7. Los adjetivos que expresan color, aspecto físico, nacionalidad, religión, y la mayoría de los numerales, no pueden formar adverbios en *-mente.*

8. La colocación del adverbio dentro de la frase está en función de la palabra a la que modifica.

COMPRUEBA

Lee los chistes que se encuentran al comienzo de la Unidad y explica la función y uso de los adverbios destacados.

Unidad 14

NEXOS: PREPOSICIONES Y CONJUNCIONES

LEE

Fíjate en lo que está destacado en el texto.

CUESTIÓN DE INGENIO

*El filósofo griego Zenón, **con** sus cuestiones **de** ingenio **en** forma **de** caminos **sin** salida **contra** el movimiento, fue quien primero planteó el problema **del** cálculo diferencial **e** integral.*
*Cuentan que **a** Isaac Newton, profesor **de** Cambridge, **a** los 25 años, **mientras** descansaba **al** atardecer **bajo** un manzano, le cayó uno **de** sus frutos **y al** mirar arriba **y** ver la luna **en** el cielo se preguntó: ¿**Y** por qué no cae la luna? Gracias **a** este improvisado acertijo **de** circunstancias, se descubrió la gravedad terrestre que Newton enunció **en** su famosa ley **de** la gravitación universal.*

LA HIJA DEL PRIMER MINISTRO

*Ocurrió una vez, **en** un lugar muy lejano, **que** un rey se enfadó **de** tal manera **con** su primer ministro **que** le condenó **a** muerte, permitiéndole salvarse si su hija mayor, considerada como la más sabia del reino, venía **a** la corte «**ni** de noche **ni** de día, **ni** desnuda **ni** vestida, **ni** a pie **ni** a caballo».*
***Y** he aquí **que** la ingeniosa joven se presentó **en** palacio: **a** la hora **del** crepúsculo, envuelta **en** un camisón de fino lino **y** sentada **sobre** la espalda **de** un robusto criado.*
*El rey, sorprendido, perdonó **a** su primer ministro **y** le repuso **en** su cargo pensando **que** el que tiene hijas tan astutas debía ser un hombre muy valioso **e** inteligente.*

J. L. GARFER Y C. FERNÁNDEZ. **Acertijero popular español**

ESTUDIA

Las **preposiciones** son elementos de enlace que establecen una relación de dependencia entre una palabra y su complemento, al cual preceden:

- *El centro **de** la ciudad.*
- *Este libro es útil **para** aprender español.*
- *La señora camina **con** dificultad.*
- *Vivo cerca **de** la estación.*

Las **conjunciones** enlazan oraciones o palabras de idéntica función gramatical **(conjunciones coordinantes)** y, lo mismo que las preposiciones, también pueden funcionar como elemento subordinador **(conjunciones subordinantes)**:

- *Pedro **y** María se conocen desde niños.*
- ***Si** tuviera más dinero, me compraría un chalet.*

A FORMA Y CLASIFICACIÓN DE LAS PREPOSICIONES

Las preposiciones son invariables en cuanto a la forma. Pueden ser **simples** o **compuestas** (dos **preposiciones agrupadas**, o **frases preposicionales** cuyo último elemento es una preposición simple):

- *Lo hizo **sin** ayuda de nadie.*
- *Utiliza el coche **hasta para** ir a la tienda de la esquina.*
- *El avión iba **por encima de** las nubes.*

Las preposiciones simples son: *a, ante, bajo, con, contra, de, desde, en, entre, hacia, hasta, para, por, según, sin, sobre, tras.*

B USOS Y FUNCIONES DE LAS PREPOSICIONES SIMPLES

La elección de la preposición adecuada es uno de los aspectos más problemáticos en el aprendizaje del español, ya que, como veremos, una misma preposición puede expresar distintas relaciones y, por otra parte, una misma palabra puede ir acompañada de varias preposiciones: el verbo *ir*, por ejemplo, se construye con todas las enumeradas más arriba.

Las preposiciones sólo tienen significado gramatical y ejercen la función de complemento de un nombre, de un adjetivo, de un verbo o de un adverbio. Son, pues, nexos que expresan una o varias de las siguientes relaciones.

1. Movimiento:
    - *He venido andando* ***desde*** *mi casa.* (punto de origen)
    - *Salimos* ***de*** *clase a las once.* (procedencia)
    - *La excursión partió* ***hacia*** *el norte de la isla.* (dirección indeterminada)
    - *Voy* ***a*** *Londres la próxima semana.* (dirección más precisa)
    - *¿A qué hora sale el último tren* ***para*** *París?* (dirección más precisa)
    - *El alpinista subió* ***hasta*** *la cima de la montaña.* (punto alcanzado)

2. Lugar:
    - *Te veré* ***a*** *la salida del cine.* (imprecisión)
    - *El documento debe firmarse* ***ante*** *notario.* (en presencia de)
    - *No hay nada nuevo* ***bajo*** *el sol.* (debajo, pero no cerca)
    - *Pon la bici* ***contra*** *el árbol.* (en posición vertical, apoyada)
    - *Estaré* ***en*** *casa de cinco a siete.* (ubicación precisa)
    - *El bar está* ***entre*** *la farmacia y el cine.* (en medio de)
    - *Su asiento está* ***hacia*** *el medio de la sala.* (imprecisión)
    - *Ayer la vi* ***por*** *la calle.* (localización indeterminada)
    - *Para ir a Granada hay que pasar* ***por*** *Jaén.* (paso a través de un lugar)
    - ***Sobre*** *la mesa había unas tijeras.* (encima de)

3. Tiempo:
    - *El correo llega* ***a*** *las nueve.* (tiempo fijo)
    - *Llevo esperándote* ***desde*** *las diez.* (inicio del tiempo)
    - *Nació* ***en*** *enero,* ***en*** *1843.* (tiempo fijo)
    - *Terminaré* ***en*** *una hora.* (plazo de tiempo utilizado)
    - *Llegaré* ***hacia*** *las seis de la tarde.* (tiempo aproximado)
    - *Mañana abrimos* ***hasta*** *las dos.* (tiempo límite)
    - *¿****Para*** *cuándo necesitas las pruebas?* (tiempo determinado)
    - ***Por*** *navidades suele llover bastante.* (tiempo impreciso)
    - *Llegaré* ***sobre*** *las seis de la tarde.* (tiempo aproximado)

4. Otras relaciones:
    - *Fui al cine* ***con*** *una amiga.* (compañía)
    - *Lo hice* ***según*** *tus instrucciones.* (conformidad)
    - *No es fácil vivir* ***sin*** *trabajar.* (privación)
    - ***Con*** *dinero se consigue casi todo.* (medio)

NOTA:

Muchas palabras, en especial verbos y adjetivos, se construyen con una determinada preposición o preposiciones: *acostumbrarse* ***a****, tardar* ***en****, apto* ***para****, difícil* ***de***, etc. La lista es demasiado larga para incluirla aquí, por lo que, en caso de duda, se recomienda consultar un buen diccionario.

C OTROS USOS DE *A, DE, PARA* Y *POR*

a

1. Complemento directo de persona:

- *Desde aquí veo* ***a*** *Juan perfectamente.*

Pero • *Puedo ver un hombre allá lejos.* (indeterminación)

2. Complemento indirecto (personas y cosas):

- *Ana enseña matemáticas* ***a*** *alumnos de tercer curso.*
- *Este colirio devuelve el frescor* ***a*** *los ojos irritados.*

3. Medio o modo de hacer algo:

- *Puedes escribir* ***a*** *lápiz si quieres.*
- *Prefiero una tortilla* ***a*** *la francesa.*

4. Precio, distancia, velocidad, la hora, la edad:

- *Los tomates están* ***a*** *cien pesetas el kilo.*
- *El pueblo más cercano está* ***a*** *cinco kilómetros.*
- *No me gusta conducir* ***a*** *más de ochenta kilómetros por hora.*
- *Las clases empiezan* ***a*** *las ocho y media de la mañana.*
- *Mi madre se casó* ***a*** *los veinte años.*

5. Distribución, gradación:

- *Tocamos* ***a*** *mil quinientas pesetas cada uno.*
- *Me fui enterando poco* ***a*** *poco.*

6. Precede al complemento de *oler, saber, sonar* y de los nombres correspondientes:

- *Huele* ***a*** *pescado frito.*
- *El agua sabe* ***a****/tiene sabor* ***a*** *cloro.*
- *Las razones que das me suenan* ***a*** *excusa para no ir.*

7. Finalidad:

- *Salí* ***a*** *dar un paseo.*

8. Con infinitivo = complemento de *enseñar, aprender, empezar,* etc.:

- *Aprendí* ***a*** *bailar cuando era niño.*
- *Comenzó* ***a*** *llover muy temprano.*

9. Órdenes:

- *¡****A*** *trabajar todo el mundo!*

10. Expresiones adverbiales:

- ***A*** *ciegas,* ***a*** *disgusto,* ***a*** *las tantas,* ***a*** *tiro hecho...*

de

1. Propiedad o pertenencia:

- *¿**De** quién son estas llaves?*
- *La ventana **de** la habitación quedó abierta.*

2. Materia, contenido:

- *¿Cuánto podrá costar una lámpara **de** bronce?*
- *Me encantan las películas **de** ciencia-ficción.*
- *¿Te apetece una copa **de** champán?*

3. Características:

- *Algunos participantes eran personas **de** gran prestigio.*
- *Se ve que éste es un producto **de** mala calidad.*

4. Causa, modo:

- *La mujer se quedó pálida **de**l susto que le diste.*
- *Bebió la jarra de cerveza **de** un trago.*

5. Estado o situación temporal:

- *Mi padre trabaja **de** contable en una empresa.*
- ***De** mayor quiero ser intérprete de conferencias.*
- *Estoy en Madrid **de** paso para Sevilla.*

6. Edad, medida:

- *Tienen una niña **de** cinco años.*
- *El solar tiene veinticinco metros **de** largo por dos **de** ancho.*

7. Condición, seguida de un infinitivo:

- ***De** ir a Inglaterra, te haremos una visita.*
- ***De** haberlo sabido, habría traído mi coche.*

8. Con infinitivo = complemento de nombres y adjetivos:

- *Ya es hora **de** acostarse.*
- *Eso es difícil **de** comprobar.*

9. Introduce el complemento de adjetivos utilizados en grado superlativo:

- *El Teide es el monte más alto **de** España.*
- *El menos atractivo **de** los hermanos es el más simpático.*

10. Expresiones adverbiales:

- ***De** vez en cuando, **de** buenas a primeras, **de** repente...*

11. A veces introduce el sujeto agente en las oraciones de pasiva:

- *Murió a los 99 años respetado **de** todos. (= **por** todos)*

para

1. Destino:

- *Esta carta es **para** ti.*

2. Propósito o finalidad:

- *Enrique sólo estudia **para** aprobar los exámenes.*

3. Uso que interesa dar a una cosa:

- *Esta embarcación es muy buena **para** pescar.*

4. Opinión personal:

- ***Para** él, lo más importante es la sinceridad.*

5. Comparación implícita:

- ***Para** la edad que tiene, tu tío se conserva muy bien.*

6. Proximidad de algún suceso:

- *Yo creo que está **para** nevar porque hace mucho frío.*

por

1. Sujeto agente en la construcción pasiva:

- *El incidente fue presenciado **por** numerosas personas.*

2. Finalidad (generalmente + infinitivo, equivalente a *para*):

- *Quiero ir a París sólo **por** visitar el Louvre.*

3. Causa o motivo:

- *Cerrado **por** vacaciones.*
- *No protesta **por** temor a posibles represalias.*
- *Fui al cine **por** acompañarlo más que **por** otra cosa.*

4. Medio, velocidad, frecuencia:

- *Mándame el documento **por** fax.*
- *Volaremos a 900 kilómetros **por** hora.*
- *Voy al gimnasio dos veces **por** semana.*

5. Precio, modo, distribución:

- *Hoy día se puede viajar **por** poco dinero.*
- *Los libros están clasificados **por** materias y **por** autores.*
- *Le pagan cinco mil pesetas más **por** cada trienio que tenga.*

6. Operación aritmética:

- *Cuatro multiplicado **por** doce igual a 48. (4 x 12 = 48)*

7. Intercambio, sustitución:
   - *No creo que te den más de 50.000 pesetas **por** tu Ford.*
   - *Como daba lo mismo, yo firmé **por** él.*

8. Opinión, consideración:
   - *Todo el mundo lo tiene **por** una persona muy inteligente.*
   - *Hablas tan bien el español que puedes pasar **por** nativa.*

9. Acción incompleta, con *estar, quedar,* etc. + infinitivo (= *sin*):
   - *Me quedan unos cuantos ejercicios **por** corregir.*

10. *Estar por* + infinitivo = propósito, no firme aún, de hacer algo:
    - *Estoy **por** dejar de fumar desde hace tiempo.*

D USOS Y FUNCIONES DE LAS CONJUNCIONES COORDINANTES

Conjunciones	Relación	Ejemplos
y (e)[1], ni	Suma, unión	*Cuatro **y** dos son seis.* *Me levanto temprano **y** me acuesto tarde./Capital **e** intereses./Cobre **y** hierro./ No bebo **ni** fumo.*
o (u)[1]	Opción	*¿Me dejas un lápiz **o** un bolígrafo?* *¿Te gusta este color **o** prefieres otro?* *Había siete **u** ocho personas esperando.*
pero	Contraposición parcial	*Habla bien, **pero** con acento inglés.*
sino	Contraposición total, restricción	*No fue a Holanda, **sino** a Francia.* *No bebo **sino** agua (sólo bebo agua).*
aunque[2]	Oposición	*Tengo un paraguas, **aunque** nunca lo uso.*

[1] *y* > *e* delante de *i*; *o* > *u* delante de *o*.

[2] *Aunque* puede funcionar también como conjunción subordinante con significado concesivo: *Debes beber mucha agua **aunque** no tengas sed.*

También existen frases conjuntivas como *sin embargo, no obstante, con todo,* etc., que sirven para expresar oposición:

- *Hace mucho calor; **sin embargo,** Loli tiene frío.*

E USOS Y FUNCIONES DE LAS CONJUNCIONES SUBORDINANTES

Que, como conjunción, sirve para introducir proposiciones subordinadas sustantivas (ver Unidad 15):

- *Me disgusta* ***que*** *seas tan egoísta.*
- *Es una lástima* ***que*** *no puedas venir a la fiesta.*
- *Sabemos* ***que*** *no te gusta cocinar.*
- *Tengo ganas de* ***que*** *empiece el verano.*

Como puede observarse en el cuadro que sigue, la mayoría de las conjunciones subordinantes son compuestos o frases conjuntivas con *que*.

Conjunciones	Relación	Ejemplos
como, dado que, porque, puesto que, ya que, etc.	Causa	***Como*** *está lloviendo, es mejor esperar un poco.* ***Ya que*** *insistes, aceptaré la invitación.*
si, a menos que, a no ser que, con tal de (que), etc.	Condición	***Si*** *tienes tiempo me gustaría hablar contigo un rato.* *Hará cualquier cosa* ***con tal de que*** *lo trates bien.*
aunque, aun cuando, por más que, por mucho que, etc.	Concesión	***Aun cuando*** *parezca imposible, nuestro equipo ganó el campeonato.* *Nunca tocarás bien el violín,* ***por mucho que*** *lo intentes.*
así que, de manera que, de modo que, etc.	Consecuencia	*El inquilino no ha pagado todavía,* ***así que*** *tendrás que recordárselo.* *Les dejó una herencia fabulosa,* ***de manera que*** *no tienen problemas.*
a fin de que, para que, etc.	Finalidad	*Llevó a los niños a la playa* ***a fin de que*** *hicieran un poco de ejercicio.*
antes/después (de) que, desde que, hasta que, mientras que, etc.	Tiempo	*Voy a comprar aspirinas* ***antes de que*** *cierre la farmacia.* ***Después (de) que*** *te marchaste empezó a llover a diario.*

PRACTICA

A EXPLOTACIÓN

EJERCICIO A.1

Completa las siguientes oraciones eligiendo la preposición más adecuada de las que tienes a continuación: según, ante, de, contra, para, en, con, sin, desde, por.

Ejemplo: He venido al centro andando … mi casa.
He venido al centro andando ***desde*** *mi casa.*

1. Compareció ... el Tribunal de Menores.
2. Chocó ... un árbol.
3. Veremos la procesión ... el balcón.
4. Trabaja ... una empresa de publicidad.
5. Mi hermana se casó ... un francés.
6. ... lo acordado, hoy te toca pagar a ti.
7. Como no había sitio, me senté ... el suelo.
8. Si de verdad es más rápido, regresaremos pasando ... Málaga.
9. Estuvimos dos días ... agua a causa de una avería.
10. ¿Cuándo regresas ... Logroño?

EJERCICIO A.2

Completa las siguientes oraciones con la conjunción más adecuada de las que tienes a continuación: ni, pero, sin embargo, u, sino, y, o.

Ejemplo: No me gusta viajar en coche … en tren.
No me gusta viajar en coche ***sino*** *en tren.*

1. Ella habló ... todos se callaron.
2. Fernando no aprende ... quiere aprender.
3. No he dicho esto ... todo lo contrario.
4. Compraría ese reloj ... no tengo dinero.
5. ¿Vienes ... te quedas en casa?
6. Siete ... ocho autores opinan lo mismo.
7. Dije que no vendría; ... aquí estoy.
8. No lo conozco a él, ... a su hermana.
9. José Luis ... dice que sí ... dice que no.
10. No he tomado ningún medicamento; ..., me encuentro mejor.

EJERCICIO A.3

Completa las siguientes oraciones con una frase conjuntiva subordinada apropiada.

1. ... corras no llegarás a tiempo; ya son las cinco.
2. No tengo llave; ... deja la puerta abierta para que pueda entrar.
3. ... bajaron los tipos de interés, hay más personas que piden préstamos.
4. Lee en voz alta ... pueda corregir tu pronunciación.
5. No pienso ir a la reunión, ... sea absolutamente necesario.
6. Te presto el libro ... me lo devuelvas dentro de un par de días.
7. No se convenció de que estaba equivocado ... alguien se lo demostró.
8. ... no te han invitado, no tienes obligación de ir a ese acto.

B TAREA

EJERCICIO B.1

A la noticia que tienes a continuación le faltan algunas preposiciones y conjunciones. Rellena los huecos y verás cómo entenderás el texto más fácilmente.

LA MAYORÍA DE LOS GUIPUZCOANOS QUIERE UN FINAL DIALOGADO CON ETA

Una mayoría (PREP) los guipuzcoanos se muestra favorable (PREP) una salida dialogada al problema (PREP) la violencia, (PREP) reveló ayer una encuesta realizada (PREP) *El Diario Vasco*. Más de un 66 (PREP) ciento (PREP) los consultados rechaza una negociación política (PREP) concesiones (PREP) la organización terrorista. Sin embargo, el 26 (PREP) ciento se muestra partidario (PREP) utilizar únicamente el diálogo. El 43 (PREP) ciento (PREP) los consultados cree que el fin de ETA está próximo; (CONJ) el 39 (PREP) ciento opina lo contrario (CONJ) no se atreve a opinar. Los votantes del PNV son los que se muestran más optimistas (CONJ) en mayor número ven próximo el final, (CONJ) sólo comparten esta sensación el 55 (PREP) ciento (PREP) ellos.

(La Gaceta de Canarias)

EJERCICIO B.2

¿Cuáles de estas frases son ilógicas? Márcalas con una cruz.

1. El prisionero estaba entre dos guardias: uno iba delante y otro, a su lado.
2. María se sentó junto al taxista, en el asiento trasero.
3. Juan Carlos no podía ver bien la película. Tenía una mujer detrás de él con un moño muy alto.

4. Paco es muy inestable: o está lleno de entusiasmo, o bien lleno de pesimismo.
5. La iglesia está detrás del supermercado: puedo ver su pórtico desde la puerta cuando voy a hacer la compra.
6. Mi novia vive en Guadalajara y yo en Madrid. Así que, todos los fines de semana voy a visitarla a Madrid.
7. El helicóptero pasó por encima de los tejados, casi rozándolos.
8. Durante las vacaciones de verano, los profesores van a clase todos los días.
9. El vaso está lleno hasta el borde. Ponme más cerveza, por favor.
10. Emigró a Venezuela porque no encontraba trabajo en su país.

EJERCICIO B.3

Ahora haz las correcciones adecuadas para que las frases que marcaste como ilógicas se conviertan en lógicas.

EJERCICIO B.4

Imagínate que has comprado un apartamento nuevo y que acabas de amueblarlo. Escribe un párrafo parecido al que sigue utilizando preposiciones.

En el centro de la habitación hay una cama. A la izquierda de la cama está el armario, a la derecha, una mesilla de noche. Sobre la mesilla hay una lámpara pequeña y un libro. También hay un despertador entre la lámpara y el libro. Un gato se oculta bajo la cama. Al lado del armario hay un mueble con un tocadiscos. A los pies de la cama hay una mesa y frente a ella, un sillón. Un hombre está sentado en el sillón fumando.

EJERCICIO B.5

Si te fijas, con la información de las frases podrás rellenar el cuadro que tienes a continuación.

a) El de Ávila es fontanero de la empresa EMELSA.
b) El carpintero no nació en Ávila.
c) Clemente levanta muebles de hasta 100 kilos.
d) El bailarín es de Córdoba.
e) El fontanero nació en Ávila.
f) Según dice el bailarín, no puede pesar más de 50 kilos.
g) Clemente trabaja en un taller de carpintería.

h) Pedro no trabaja de bailarín en un tablao.
i) El carpintero nació en Logroño.
j) Pedro no es muy fuerte pero se mantiene en forma.
k) Por su apariencia, Fernando no puede pesar más de 50 kilos.

Nombre	Profesión	Lugar de nacimiento	Complexión

EJERCICIO B.6

Responde a las preguntas con la información que tienes en a **y** b.

1. ¿Qué hiciste ayer?
   a) quedar/casa
   b) ir/oficina
2. ¿Qué hacían los hinchas de ese equipo de fútbol?
   a) gritar/árbitro
   b) pegar/unos/otros
3. ¿Qué le preguntaste al cajero del banco?
   a) tener/cambio/billetes/mil
   b) ingresar/cheque/cuenta
4. ¿Desde dónde viste la película?
   a) anfiteatro
   b) las filas 10/15
5. ¿Dónde trabajas?
   a) empresa/productos/baño/belleza
   b) hacer/payaso/circo

EJERCICIO B.7

Relaciona las preguntas con las respuestas (sólo hay una posibilidad para cada caso). Pon la letra correspondiente al lado de la pregunta.

PREGUNTAS:

1. ¿Trabajas los domingos?
2. ¿Cuántas horas trabajas al día?

3. ¿Dónde está tu empresa?
4. ¿A qué se dedica?
5. ¿Cuál es tu trabajo en concreto?
6. ¿Trabajas en esa empresa desde hace mucho tiempo?
7. ¿Te costó mucho tiempo encontrar ese trabajo?

RESPUESTAS:

a) En la calle Fuencarral, frente a una farmacia.
b) De 9 a 1 y de 4 a 8.
c) Desde hace un año.
d) No, descanso. Suelo ir al cine.
e) Ropa para caballeros.
f) Diseño industrial de modas con ordenador.
g) Tras seis meses en el paro, me contrataron.

RECUERDA

En esta Unidad has aprendido que:

1. Las preposiciones son partículas relacionantes entre una palabra y su complemento. Pueden ser simples o compuestas.

2. Las conjunciones enlazan oraciones o elementos equivalentes dentro de la oración. Son de dos tipos: coordinantes y subordinantes.

3. Las preposiciones expresan un sinfín de relaciones (de movimiento, de lugar, de tiempo, de modo, etc.), por lo que su uso depende del contexto.

4. Muchos verbos y adjetivos se construyen con una determinada preposición: confiar *en*, enamorarse *de,* aficionado *a,* capaz *de,* etc.

COMPRUEBA

Lee los textos que figuran al comienzo de la Unidad y explica el uso de las preposiciones y conjunciones destacadas.

Unidad 15
LA SUBORDINACIÓN SUSTANTIVA

LEE

Fíjate en lo que está destacado en el texto.

UNA CARTA DE RUPTURA

Querido Roberto:

No quiero ***que pase un día más*** *sin hablarte de algo que me preocupa. Aunque no creo* ***que te cause mucha extrañeza****, me pregunto* ***si será oportuno en estos momentos****.*

Ya sé ***que he permanecido en silencio últimamente****. Cuando me preguntabas* ***qué me ocurría****, yo te mentía. Pretextaba* ***que me dolía la cabeza y que tenía exceso de trabajo****. Luego, a solas, me preguntaba* ***cuándo tendría el valor de decirte la verdad****.*

Llevamos varios años de novios y creo ***que nuestra relación se acaba sin remedio****. Habrás notado* ***que he evolucionado*** *y tú, sin embargo, sigues siendo un chiquillo irresponsable. Dices* ***que aún eres joven para crear un hogar*** *y no te das cuenta* ***de que has cumplido ya los treinta años****. Me pregunto* ***cuándo vas a sentar la cabeza****.*

No hace mucho me decías ***que yo era lo único importante en tu vida****, pero reconocerás* ***que tu actitud nos separa****.* ***El que lo dejemos*** *se ha convertido en una necesidad para los dos:* ***eso de que*** *es preferible seguir como hasta ahora no me convence.*

Espero ***que me comprendas*** *y* ***que no me guardes rencor****. No sabes* ***cuánto me ha costado tomar esta decisión y escribirte esta carta****. Nunca olvidaré los buenos momentos que pasamos juntos.*

Besos,

Carmela.

ESTUDIA

A FUNCIÓN Y USO

Las proposiciones subordinadas sustantivas son aquellas que desempeñan funciones propias del nombre, especialmente las de **sujeto**, **atributo** o **complemento** del **verbo** de la proposición principal:

- *Me* ***molesta*** ***que me critiquen los ignorantes****.* (Sujeto)
  (= la crítica de los ignorantes)
- *El objetivo* ***es*** ***que participen todos****.* (Atributo)
  (= la participación de todos)
- *El juez nos* ***pidió*** ***que declarásemos la verdad****.* (Complemento)
  (= la declaración de la verdad)

También pueden ser complemento de un **nombre** o de un **adjetivo** de la proposición principal:

- *Tengo pocas* ***posibilidades*** ***de que me toque la lotería****.*
- *Estábamos* ***seguros*** ***de que ganaría nuestro equipo****.*

B NEXOS INTRODUCTORIOS

1. Generalmente van introducidas por *que*. Esta conjunción puede ir precedida del artículo determinado masculino *el*, de una preposición, o de un pronombre neutro seguido de la preposición *de* (*lo de* + *que*, *eso de* + *que*, etc.):

- *Me molesta* ***que entren sin llamar.***
- *Asegúrate* ***de que vengan todos a la fiesta.***
- ***El que canten por la mañana*** *es buena señal.*
- ***Eso de que van a subirnos el sueldo*** *no me lo creo.*

2. En las interrogativas indirectas generales que preguntan acerca de la acción verbal y se escriben sin signos de interrogación, se utiliza el nexo *si:*

- *Ignoro* ***si vendrá a la fiesta esta noche****.*
- *Pregúntale* ***(que) si necesita algo de la farmacia****.*

3. En las interrogativas indirectas parciales que preguntan sobre el sujeto, el complemento o cualquier otra circunstancia, se usan los nexos *qué, quién, cuál, cómo,* etc.:

- *Me pregunto* ***qué estarás pensando****.*
- *Dime* ***por quién suspiras****.*

- *No sabría decirte* ***cuál*** ***de los dos me gusta más.***
- *No comprendo* ***cómo*** ***puedes soportar esa situación.***
- *No sé* ***hasta*** ***cuándo*** ***durará esta crisis.***
- *Le pregunté* ***cúanto*** ***tiempo faltaba para las cinco.***
- *Nunca me dijo* ***dónde*** ***había escondido el dinero.***

4. A veces el nexo no es la conjunción *que*, sino el pronombre relativo *que* precedido de *el, la, lo, los, las.* Algunos se refieren a estas proposiciones con el nombre de **adjetivas sustantivadas** (ver Unidad 16):

- ***El que*** ***termine primero*** *tendrá un premio.*
- ***Lo que*** ***hiciste no tiene importancia.***

NOTA:

Con el verbo *preguntar* se suele usar un *que* pleonástico:

- *Pregúntale* ***que*** *qué puedo hacer.*

C MODO VERBAL

1. Las subordinadas sustantivas introducidas por *que* casi siempre llevan el verbo en **subjuntivo** (ver Unidad 9). Sin embargo, se usa el **indicativo** en los siguientes casos:

a) Cuando el verbo de la principal constata simplemente un hecho y está en **forma afirmativa**:

- ***Veo*** ***que te gusta el vino tinto.***
- *Me* ***dijo*** ***que tenía mucho tiempo libre.***

b) Cuando en la principal figura una construcción impersonal que indica certeza, seguridad o verdad:

- ***Está visto*** ***que no será fácil salir de la crisis.***
- ***Se ha confirmado*** ***que el número de accidentes ha disminuido.***
- ***No cabe la menor duda*** ***de que fue él quien lo hizo.***

2. Las interrogativas indirectas llevan el verbo en indicativo:

- *No sé* ***qué*** *le pasa.*
- *Es difícil precisar* ***desde cuándo*** *empezó a tener sospechas.*

PRACTICA

A EXPLOTACIÓN

EJERCICIO A.1

Identifica la función que desempeñan las subordinadas sustantivas que tienes a continuación.

Ejemplo: Le indicó *que se callara. (Complemento)*

1. *Que se vayan sin pagar* me parece muy mal.
2. El profesor les dijo *que terminasen el examen.*
3. Carmen dijo *que en esta ocasión no podría acompañarnos.*
4. Peter se marchó *sin que pudiéramos decirle adiós.*
5. Es probable *que te lo diga.*
6. Me gusta *que reflexiones.*
7. El hombre del tiempo aseguró *que mañana tendremos lluvias.*
8. Estuvo mal *que se fuera sin decírnoslo.*
9. Mi ilusión es *que me regalen un anillo de brillantes.*
10. Me contento *con que me llames una vez por semana.*

EJERCICIO A.2

Subraya la proposición subordinada sustantiva y sustitúyela, en cada caso, por una frase nominal.

Ejemplo: No me importa que llueva.
No me importa la lluvia.

1. Deseo que seas feliz.
2. Espero que te mejores pronto.
3. Me apena que estés enfermo.
4. Que mientas constantemente va a ocasionarte disgustos.
5. Pablo prometió que asistiría.
6. Te agradecería que me informases sobre el clima.
7. Comprendo que quieras independizarte.
8. Vimos que había un coche aparcado en la acera.
9. Estoy harto de que nos insulte cada dos por tres.
10. Es aconsejable que vuelvas a España el próximo año.

EJERCICIO A.3

Sustituye las frases nominales destacadas por una subordinada adjetiva sustantivada.

Ejemplo: *Los alpinistas* viven peligrosamente.
Los que escalan montañas viven peligrosamente.

1. *La ganadora del torneo de tenis* se llama Arantxa.
2. Desde aquí no veo *al guitarrista*.
3. No debes distraer *al conductor del autobús*.
4. Le di una propina *al vigilante del aparcamiento*.
5. Hay que impedir que entren *los ladrones*.

B TAREA

EJERCICIO B.1

Imagina que tienes que informar sobre este anuncio de la compañía aérea IBERIA. Utiliza verbos como decir, establecer, informar, prohibir. **Empieza de la siguiente manera:**

El anuncio dice...

IBERIA

FRANQUICIA DE EQUIPAJE

Clase Turista	20 kg
Clase Preferente	30 kg
Primera Clase	40 kg
Exceso de equipaje	1000 ptas. por kilo

EQUIPAJE DE MANO

Como medida de precaución y seguridad se le permitirá llevar en cabina una sola pieza de equipaje, cuya dimesión no excederá de 45 cm de largo por 35 cm de ancho y 20 cm de alto.

ARTÍCULOS PELIGROSOS

Por razones de seguridad, no se pueden facturar los siguientes artículos:
- explosivos, municiones, fuegos de artificio
- gases inflamables y no inflamables
- sustancias venenosas
- materiales radiactivos

EJERCICIO B.2

Aquí tienes un anuncio auténtico de un Ayuntamiento en el que se dan instrucciones para mantener una playa en buen estado. Explícale a un amigo tuyo, que se ha olvidado de traer las gafas, qué es lo que se pide en el anuncio y, luego, redacta otro similar solicitando la colaboración de los ciudadanos para ayudar a un país subdesarrollado.

> **COLABORE PARA UNA PLAYA MEJOR**
> No use jabón ni champú en la ducha.
> La vegetación nos da sombra. No la estropee.

EJERCICIO B.3

Lee el bando y completa las prohibiciones del alcalde siguiendo el modelo. Recuerda que debes utilizar el subjuntivo.

> **EXCMO. AYUNTAMIENTO DE LAS VILLAS**
>
> **SE HACE SABER:** Que a fin de mantener las mejores condiciones sanitarias, de seguridad, así como las buenas costumbres en esta playa, QUEDA TERMINANTEMENTE PROHIBIDO
>
> 1. El baño de animales domésticos.
> 2. El juego de pelota.
> 3. El vertido de basura, desperdicios o colillas.
> 4. El uso de jabones en las duchas.
> 5. El lavado de platos y análogos en las duchas o en el mar.
> 6. La instalación de «roulottes» en las inmediaciones de la playa.
>
> EL ALCALDE

El alcalde prohíbe a los ciudadanos que…

1. *bañen* animales domésticos.
2. …
3. …
4. …
5. …
6. …

EJERCICIO B.4

Mary Luz está a favor del uso del coche en las grandes ciudades; Salvador, en cambio, está en contra. Lee lo que hay en el cuadro y cuéntale a un amigo las razones que aducen, utilizando alguno de estos verbos: creer, pensar, afirmar, estar convencido/a de, asegurar.

Ejemplo: *Mary Luz cree que el coche es un símbolo de la vida moderna. Salvador, por el contrario, piensa que el coche causa atascos terribles.*

A FAVOR	EN CONTRA
– es un símbolo de la vida moderna – da libertad para viajar – permite vivir fuera del centro de la ciudad – da independencia personal – el transporte público no funciona	– el transporte público es una solución mejor – causa atascos terribles – el transporte público es más barato – tantos coches causan mucha contaminación – coches y motos provocan la mayoría de los accidentes

EJERCICIO B.5

Ahora utiliza los mismos verbos del ejercicio anterior en forma negativa para contradecir lo que opina Mary Luz con respecto a Salvador, y viceversa. Recuerda los usos del subjuntivo.

Ejemplo: *Mary Luz no piensa que los coches y las motos provoquen la mayoría de los accidentes.*

EJERCICIO B.6

Roberto Gomis, el multimillonario industrial y presidente de Construcciones Isla Baja, ha fallecido recientemente. No era un hombre muy popular. A continuación, tienes algunos ejemplos de lo que la prensa dijo de él durante su vida. Siguiendo el modelo, escribe lo que opinaron los periódicos.

Ejemplo: GOMIS NO ES UN EJEMPLO DE INDUSTRIAL HONESTO. **El Correo.**
El Correo dijo que Gomis no era/había sido un ejemplo de industrial honesto.

CONSTRUCCIONES ISLA BAJA NUNCA HA PAGADO IMPUESTOS. **El Día.**

GOMIS SE GASTA SUS GANANCIAS EN EL JUEGO. **La Tarde.**

SUS RELACIONES FAMILIARES SON UN DESASTRE. **El Faro.**

GOMIS TIENE RELACIONES CON LA MAFIA. **El País.**

NADIE LO ECHARÁ DE MENOS CUANDO SE MUERA. **Interviú.**

ROBERTO GOMIS PAGA COMISIONES ILEGALES. **El Mundo.**

UN JUEZ CONFISCA IMPORTANTE DOCUMENTACIÓN A GOMIS. **El Caso.**

GOMIS SE DECLARA EN QUIEBRA FRAUDULENTA. **La Gaceta.**

EJERCICIO B.7

Tu hermano está en Torremolinos. Ha llamado por teléfono, acabas de colgar y cuentas a tus padres lo que te ha dicho. Empieza de la siguiente manera:

Acaba de llamar (nombre de tu hermano) *desde Torremolinos y me ha preguntado (que) cómo estamos...*

ÉL: ¿Hola! ¿Cómo estáis todos? Yo estoy pasándomelo genial, aquí en Torremolinos.

TÚ: Cuéntame, ¿qué haces?

ÉL: Por las mañanas, voy a la playa, tomo el sol, me baño y juego al voleyplaya. Luego, almuerzo en el hotel y duermo la siesta. Por la tarde, me quedo en la piscina del hotel o juego al tenis y, por la noche, voy a bailar a las discotecas de moda con los amigos que he hecho aquí.

TÚ: Desde luego, no te puedes quejar. ¿Cuándo piensas regresar?

ÉL: Ya sabes que lo bueno dura poco. Tendré que volver dentro de dos semanas. Cogeré el tren de las tres, así que llegaré el sábado 25 a las nueve y media de la noche.

TÚ: Bueno. Te iremos a recoger a la estación.

EJERCICIO B.8

Han pasado varios días desde la conversación que mantuviste con tu hermano y una amiga te pide que le cuentes lo que él te dijo. No te olvides de cambiar los tiempos verbales. Empieza así:

(Nombre de tu hermano) *me preguntó (que) cómo estábamos...*

EJERCICIO B.9

Éste es tu horóscopo de la semana pasada. Cuéntale a un amigo lo que decía, haciendo los cambios verbales y pronominales correspondientes.

Salud: Ha desaparecido la tensión que sentiste la semana pasada. Hay una ligera posibilidad de coger la gripe.

Dinero: Es un buen momento para mejorar tu economía. Invierte en la Bolsa.

Amor: Tu novia está celosa. No le des motivos.

EJERCICIO B.10

A continuación tienes un diálogo entre Carmela y su profesora.

PROFESORA: ¡Llegas tarde otra vez! (1)
CARMELA: Lo siento mucho, pero me quedé dormida. (2)
PROFESORA: Tendré que informar a la directora. (3)
CARMELA: Pero si no fue culpa mía. (4) Es que mis vecinos me invitaron a una fiesta y se prolongó mucho. (5)
PROFESORA: Eso no es excusa suficiente. (6)
CARMELA: Mi despertador tampoco sonó. (7)
PROFESORA: Bueno, bueno; es la tercera vez que llegas tarde esta semana. (8)
CARMELA: Le prometo que no sucederá más. (9)

Imagina que tú eres la profesora. Unos días después te encuentras con la directora y te quejas del comportamiento de Carmela. Completa el texto que tienes a continuación.

A eso de las diez, tocaron a la puerta y entró Carmela. Cuando le dije que ... (1) ... me contestó que ... (2) ...
Entonces le advertí que ... (3) ... y me dijo que ... (4) ... porque unos vecinos ... (5) ... Le señalé que ... (6) ... y se sacó de la manga la excusa de que ... (7) ... Entonces le recordé que ... (8) ... y me prometió que ... (9) ...

RECUERDA

En esta Unidad has aprendido que:

1. Las proposiciones subordinadas sustantivas actúan como un nombre o sustantivo.

2. Desempeñan el papel de sujeto, atributo o complemento de la proposición principal.

3. Generalmente se unen a la principal por medio de la conjunción *que.*

4. También pueden ir precedidas de *si, qué, quién, cuál, cómo, cuándo, cuánto, dónde.*

5. Las subordinadas sustantivas introducidas por *que* llevan casi siempre el verbo en indicativo.

6. Las proposiciones adjetivas sustantivadas tienen como nexo el pronombre relativo *que* sustantivado, es decir, precedido del artículo determinado *(el, la, lo, los, las).*

COMPRUEBA

Lee la carta que figura al comienzo de la Unidad y explica lo destacado.

Unidad 16
LA SUBORDINACIÓN ADJETIVA

LEE

Fíjate en lo que está destacado en el texto.

(...)
Estos chopos del río, ***que acompañan***
con el sonido de sus hojas secas
el son del agua, *cuando el viento sopla,*
tienen en sus cortezas
grabadas iniciales ***que son nombres***
de enamorados, *cifras* ***que son fechas.***
¡Álamos del amor ***que ayer tuvisteis***
de ruiseñores vuestras ramas llenas:
álamos ***que seréis mañana liras***
del viento perfumado en primavera:
álamos del amor cerca del agua
que corre y pasa y sueña,
álamos de las márgenes del Duero,
conmigo vais, mi corazón os lleva!
Antonio Machado. **Campos de Soria**

ESTUDIA

A FUNCIÓN Y USO

Las subordinadas adjetivas desempeñan normalmente el papel de un adjetivo en una frase nominal a la que complementan.

Frase nominal — Subordinada adjetiva

- *Las instituciones* ***que colaboraron*** *eran todas locales.*
  (= colaboradoras)

Frase nominal — Subordinada adjetiva

- *Ese hombre* ***que nadie conoce*** *es un gran poeta.*
  (= desconocido)

Se trata de proposiciones **incluidas** dentro de una oración, que se caracterizan porque llevan un pronombre relativo (*que, quien,* etc.) o un adverbio relativo (*donde,* generalmente), cuyo antecedente es la frase nominal. Se usan con preferencia cuando no existe un adjetivo adecuado que pueda sustituirlas o que exprese con precisión las circunstancias que se dan en el marco de la oración principal:

- *No podemos contratar a una secretaria* ***que no sepa manejar un ordenador.***
- *La Luna es un planeta* ***que gira alrededor de la Tierra.***

Existen dos tipos de subordinadas adjetivas: las especificativas y las explicativas.

1. Las **especificativas** determinan y concretan el sentido del antecedente:

- *Comimos las manzanas* ***que estaban maduras.***
- *Los pasajeros* ***que vuelan a Londres*** *están embarcando.*

En el primer ejemplo se indica que sólo se comieron las manzanas que estaban maduras y, en el segundo, se indica que solamente los pasajeros que vuelan a Londres están embarcando. Por lo tanto, podemos decir que las oraciones especificativas restringen el concepto del antecedente.

2. Las **explicativas** expresan una cualidad o circunstancia del antecedente:

- *Los plátanos,* ***que estaban verdes,*** *no se pudieron comer.*
- *El profesor,* ***que es muy mayor,*** *se cansa cuando sube las escaleras.*

En el primer ejemplo se indica que todos los plátanos estaban verdes y que por este motivo no se pudieron comer. En el segundo caso, se explica la razón por la cual el profesor se cansa cuando sube las escaleras. Vemos que las subordinadas explicativas proporcionan una información secundaria y que este tipo de proposiciones va entre comas.

Así pues, utilizamos las subordinadas adjetivas para completar el significado de un nombre o de una frase nominal (antecedente). En el caso de las especificativas, la información adicional es decisiva y no se podría eliminar la subordinada adjetiva sin alterar el significado de la oración principal. En cambio, en el caso de las explicativas, dicha información no es determinante, de manera que la adjetiva sí se podría suprimir sin modificar el sentido de la oración principal.

Por otra parte, algunos autores incluyen dentro de la subordinación adjetiva aquellas proposiciones en las que el **participio** funciona como adjetivo. En estos casos, el participio concuerda con su antecedente en género y número:

- *El párrafo* ***suprimido*** *por el editor no era importante. (que suprimió el editor)*
- *Las personas* ***nacidas*** *durante esos años pasaron momentos muy difíciles. (que nacieron)*
- *Los coches* ***vendidos*** *durante el mes de enero no pasaron de diez. (que se vendieron)*
- *La pista* ***seguida*** *por la policía no dio resultado. (que siguió la policía)*

De manera general, se puede decir que la subordinación adjetiva es más propia del lenguaje escrito que del hablado.

B TIEMPOS VERBALES

Las subordinadas adjetivas pueden llevar el verbo en indicativo o en subjuntivo:

1. Se utiliza **el indicativo** cuando el antecedente es algo definido:

- *El libro que me* ***prestaste*** *no me ha gustado mucho.*
- *Aquel político que* ***trabajaba*** *tanto fue recompensado.*
- *La casa que* ***está*** *en la esquina es de los López.*
- *La película que* ***vimos*** *ayer era de vaqueros.*
- *La dirección que me* ***diste*** *estaba equivocada.*

2. Se usa **el subjuntivo** cuando el antecedente es indefinido, negativo, o después de las palabras *cualquiera, cualesquiera, quienquiera* y *quienesquiera:*

- *Busco un profesor que* ***sepa*** *inglés.*
- *No hay nada que no* ***hiciera*** *por tenerte.*
- *Quienquiera que* ***venga*** *será bien recibido.*
- *Cualquiera que lo* ***intente*** *morirá.*
- *Cualquiera que te* ***oyera*** *pensaría que estoy loco.*

C RESTRICCIONES EN EL USO DE LOS RELATIVOS

El, la que/cual; los, las que/cuales; quien, quienes no pueden ser sujeto de una proposición especificativa:

- **El tren el cual sale a las cinco es un expreso.*

D ORACIONES ADJETIVAS SIN ANTECEDENTE EXPRESO

Como ya hemos indicado (ver Unidad 15), cuando el relativo no tiene un antecedente explícito, se produce una sustantivación de la subordinada especificativa:

- ***Quienes** tengan prisa, que levanten la mano. (Las personas que...)*
- ***La que** me gusta a mí no me quiere. (La chica que...)*
- ***Donde** bien me va, allí mi patria está. (En el sitio en [el] que...)*

E FUNCIÓN ADJETIVA DEL GERUNDIO

A veces, las formas simples o compuestas del gerundio pueden utilizarse en función adjetiva. En este caso el gerundio equivale a una subordinada adjetiva explicativa:

- *Pedro, **sabiendo** que llegaría tarde, nos llamó por teléfono. (Pedro, que sabía...)*
- ***Habiendo visitado** París varias veces, Eva decidió ir de vacaciones a Portugal. (Eva, que había visitado...)*

PRACTICA

A EXPLOTACIÓN

EJERCICIO A.1

Combina estas frases para formar subordinadas adjetivas.

Ejemplo: La iglesia es muy antigua. Pablo vio la iglesia.
La iglesia que Pablo vio es muy antigua.

1. Monturiol era un científico español. Inventó el submarino.
2. Cela escribió este libro. Vive en España.
3. La camisa costó tres mil pesetas. Se la regalaré a mi padre.
4. El bañador es para Carmen. Lo compré en Marbella.
5. Claudio es mi amigo. Confío en él.
6. Marta me escribió una carta. Nunca la recibí.
7. Me lo contaron. El portero y su mujer estaban allí.
8. Heredó varias casas. Las vendió más tarde.
9. Mi perro es un Schnauzer. Come más que yo.

Ahora decide cuáles son especificativas y cuáles explicativas.

EJERCICIO A.2

Lee el siguiente diálogo y rellena los huecos con el relativo correspondiente. Fíjate que en algunos casos tendrás que añadir una preposición. (Ver Unidad 6.)

Ejemplo: A: ¿Es ese el hombre *con quien* hablabas anoche?

A: ¿Es ese el hombre ... hablabas anoche?

B: Sí, ¿no lo reconoces? Es el millonario ... se casó con Juana Pérez.

A: Sí, por supuesto. Es un tipo estupendo. Se trata de una persona ... resulta muy agradable hablar.

B: Por cierto, ¿sabes que es el dueño del caballo ... ganó el Gran Premio de Madrid el sábado pasado?

A: Efectivamente. Es el mismo hombre ... se compró un cuadro de Goya en una subasta.

B: Desde luego tiene mucho dinero y buen gusto. Es un cuadro ... colorido admiran todos los críticos.

B TAREA

EJERCICIO B.1

Lee lo que opina el crítico musical de un periódico sobre el cantautor Joaquín Sabina.

Sabina es uno de nuestros mejores valores musicales. Es de los cantantes que escribe sobre la gente corriente y lo que ocurre en nuestras calles. Un personaje al que la ironía ayuda a transmitir los errores que la sociedad española comete diariamente. Sabina, que en su primera época perteneció al grupo «La Mandrágora», ha sabido evolucionar y tomar buena nota de lo que sucede en el «pop».

Fíjate en las afirmaciones sobre Sabina. Decide si son verdaderas, falsas, o de información insuficiente.

1. Sabina, que es un conocido cantautor, no es apreciado por el crítico del periódico.
2. Pertenece a la clase de cantantes que escribe sobre lo que pasa a diario.
3. Sabina, que nació en Madrid, tiene familia en Andalucía.
4. Sabina, que formó parte de «La Mandrágora», ha evolucionado con el «pop».
5. Sabina es el típico cantante que nunca utiliza la ironía.

EJERCICIO B.2

Ahora escribe un párrafo similar al anterior sobre tu cantante preferido, utilizando subordinadas adjetivas.

EJERCICIO B.3

Completa la definición de las palabras siguientes.

REGALO: Es algo que ...
CARNICERO: Es una persona que ...
ORDENADOR: Es una máquina que ...
CALCETINES: Son unas prendas de vestir que ...
SELLO: Es algo que ...
ENFERMERA: Es una mujer que ...
GEL DE BAÑO: Es una crema con la que ...
PROFESOR: Es alguien que ...
COCINA DE GAS: Es un aparato con el que ...
PSIQUIATRA: Es el médico que ...

EJERCICIO B.4

Has entrado en unos grandes almacenes para comprar algunas cosas que necesitas, pero que deben reunir ciertas características. Pídelas a la empleada utilizando esta fórmula: Quiero/busco un/una/unos ... que + subjuntivo.

Ejemplo: Quiero una corbata que no sea muy cara.

EJERCICIO B.5

Al guionista de una famosa telenovela venezolana se le ha olvidado incluir información importante en el resumen del guión del capítulo anterior. En la primera columna tienes lo que él ha escrito y en la segunda, lo que ha olvidado. Escribe de nuevo el resumen con la información que falta, utilizando subordinadas adjetivas.

1. Cristal no encuentra trabajo. 2. Luis Alfredo va a dar una fiesta. 3. Luis Alfredo ha invitado a Adán a la fiesta. 4. Adán desea ver a Zoraida. 5. Zoraida es hermana de Luis Alfredo. 6. Zoraida ha tenido un accidente de coche. 7. Adán invita a Cristal a la fiesta.	a) Cristal está enamorada de Luis Alfredo. b) Luis Alfredo es un rico empresario. c) Luis Alfredo es amigo de Adán. d) Adán ama secretamente a Zoraida. e) Zoraida no podrá asistir a la fiesta. f) Zoraida es muy impetuosa. g) Adán es primo de Cristal.

Ejemplo: Cristal, que está enamorada de Luis Alfredo, no encuentra trabajo.

EJERCICIO B.6

¿Cómo termina el capítulo de la telenovela anterior? Invéntate el final de la historia, utilizando subordinadas adjetivas.

RECUERDA

En esta Unidad has aprendido que:

1. Existen dos tipos de subordinadas adjetivas: especificativas y explicativas.

2. Sirven para dar más información sobre la oración principal.

3. Llevan un pronombre o adverbio relativo relacionado con la frase nominal que actúa de antecedente.

4. Las subordinadas adjetivas pueden llevar el verbo en indicativo o en subjuntivo.

5. Van en indicativo si el antecedente es algo definido.

6. Van en subjuntivo si el antecedente es algo indefinido, negativo, o después de las palabras *cualquiera, quienquiera* y sus plurales.

COMPRUEBA

Explica las subordinadas adjetivas que aparecen en el texto del apartado LEE

Unidad 17
LA SUBORDINACIÓN CIRCUNSTANCIAL

LEE

Fíjate en lo que está destacado en el texto.

PENSAMIENTOS Y AFORISMOS

***Cuando un amigo nos pide algo**, la palabra «mañana» no existe.* (GEORGE HERBERT)

***Cuando sea posible hablar de libertad**, el Estado, como tal, dejará de existir.* (FRIEDRICH ENGELS)

***Si quieres hallar en cualquier parte amistad dulzura y poesía**, llévalas contigo.* (GEORGES DUHAMEL)

*Amo a quien quiere algo superior a él, **aunque en este empeño sucumba**.* (FRIEDRICH NIETZSCHE)

*Todo lo alcanzarás, pequeño loco, **siempre que lo permita tu estatura**.* (ALMAFUERTE)

*Somos impostores **desde que lo somos a medias**.* (CLAUDE A. HELVETIUS)

*Una experiencia nunca es un fracaso, **pues siempre viene a demostrar algo**.* (THOMAS A. EDISON)

*Muchos hombres no se equivocan jamás **porque no se proponen nada razonable**.* (J. W. GOETHE)

*Oculta tus desventuras **para que no se alegren tus enemigos**.* (PERIANDRO)

*Va uno **adonde está su corazón**.* (ALEXIS CARREL)

*El corazón nos corre a veces por todo el cuerpo, **como si fuera un perro perseguido**.* (F. GARCÍA LORCA)

Tomado del **Nuevo diccionario antológico de pensamientos y aforismos,** EDAF, 1987

ESTUDIA

Dentro de la subordinación circunstancial incluimos tanto las proposiciones subordinadas que expresan causa, condición, consecuencia, finalidad, etc. **(proposiciones subordinadas circunstanciales)**, como aquellas que desempeñan las funciones de un adverbio de tiempo, lugar o modo **(proposiciones adverbiales).**

La razón es que ambos tipos de proposiciones indican las circunstancias que giran en torno a la acción que realiza el verbo principal:

- *Llego tarde **porque se retrasó** el autobús.* (Causa)
- *Cierra la ventana **si tienes** frío.* (Condición)
- *Pienso, **luego existo**.* (Consecuencia)
- *Les subieron el sueldo **para que** no **protestaran**.* (Finalidad)
- ***Aunque tiene** millones **es** un desgraciado.* (Obstáculo)
- *Iremos **donde** tú **digas**.* (Lugar)
- *Me trataron **como si fuera** su hijo.* (Modo)
- *Nos quedamos en la discoteca **hasta que cerraron**.* (Tiempo)

Como puede verse en los ejemplos anteriores, el verbo de las subordinadas circunstanciales puede ir en **indicativo** o en **subjuntivo**. Sin embargo, después de *ahora que, puesto que, ya que*, siempre se usa el indicativo; después de *a fin de que, a menos que, a no ser que, antes (de) que, como si, con tal de que, en caso de que, para que, sin que* siempre se usa el subjuntivo:

- *Ahora que **empiezan** las rebajas, voy a comprarme un bolso.*
- *Ya que tú no **quieres,** tendré que ir yo.*
- *No le interrumpas a no ser que se **trate** de algo urgente.*
- *Sal por la puerta trasera sin que nadie te **vea**.*

Aunque los **nexos** que las unen a la principal son muy variados, lo más frecuente es que vayan precedidas de un **adverbio** o de una **conjunción**:

- *Puedes sentarte **donde quieras**.*
- ***Si vas** a Calatayud, pregunta por la Dolores.*
- ***Cuando** usted **quiera** podemos empezar.*
- *No me iré **hasta que** me lo **ordenen**.*

En las proposiciones subordinadas circunstanciales sin **nexo** el verbo aparece en alguna de las formas no personales (infinitivo, gerundio o participio):

- *Al **intentar** salir a oscuras, tropecé con una silla.*
- ***Trabajando** tan poco, no aprobarás el examen.*
- ***Convencido** como estaba, no quiso colaborar.*

¿INDICATIVO O SUBJUNTIVO?

Circunstancia	Matiz	Modo	Ejemplos
Tiempo	Referencia al presente, actual o habitual, y al pasado. Referencia al futuro.	Indicativo Subjuntivo	*Sólo bebo cuando **tengo** sed.* *Leí la carta mientras **comía**.* *Pregunta por Pedro cuando **llegues**.*
Objeción, obstáculo	Referencia a cosas ciertas, seguras. Referencia a hechos no acaecidos o inciertos.	Indicativo[1] Subjuntivo	*Aunque me **llamo** Peter, soy español.* *Aunque **cambie** el gobierno, las cosas seguirán igual.*
Finalidad	Siempre llevan el verbo en subjuntivo.		*Lo hago para que no me **critiquen.***
Condición	Siempre llevan el verbo en subjuntivo[2].		*Te enviaré dinero siempre que **pueda**.*
Consecuencia	Siempre llevan el verbo en indicativo.		*Se alegró tanto que **se puso** a cantar.*
Causa	Siempre llevan el verbo en indicativo[3].		*No te llamé porque **era** muy tarde.*

[1] El uso del subjuntivo supone que la información contenida en la proposición subordinada, aun siendo cierta, no se considera relevante: *Aunque me **llame** Peter, soy español.*

[2] *Si* puede ir seguido del indicativo, pero nunca del futuro o del condicional, ni tampoco del presente de subjuntivo: **Si tendrás...* **Si harías...* **Si vengas...*

[3] *No + porque* suele llevar subjuntivo: *Voy, no porque **quiera**, sino porque tú me lo pides.*

Es importante recordar que según el contexto algunos nexos pueden tener distintos valores, lo que condiciona el uso del indicativo o del subjuntivo en la subordinada circunstancial. Así, *mientras* y *siempre que* llevan indicativo si expresan tiempo y subjuntivo si expresan condición. *Como* puede indicar causa (indicativo) o condición (subjuntivo) etc.:

- ***Mientras corrijo** los exámenes, tú puedes dar un paseo.*
- *No me importa lo que cuesta **mientras tenga** dinero para pagarlo.*
- ***Como** no **estabas** cuando llamé, creí que te habías ido.*
- ***Como** no **estés** en casa cuando llame, me voy yo solo.*

PRACTICA

A EXPLOTACIÓN

EJERCICIO A.1

Di qué tipo de circunstancias expresan las proposiciones destacadas.

Ejemplo: *Cuando vuelvas,* compra la leche. *(Tiempo)*

1. Juana viene con nosotros *siempre que vamos a la playa.*
2. Las carpetas estaban *donde las habíamos dejado.*
3. Mezcló los ingredientes *como decía la receta.*
4. Iré a tu casa *cuando tus padres se hayan marchado.*
5. Me gustó la novela *porque me intrigó hasta el final.*
6. Les leyó un cuento a los niños *para que se entretuvieran.*
7. *Aunque no me cae muy bien,* iré a su fiesta.
8. Me hice está herida *cuando me caí de la moto.*
9. Pon la maleta *donde no estorbe.*
10. Nunca hablaba *sin que estuviese su abogado presente.*

EJERCICIO A.2

Explica los usos del indicativo y del subjuntivo en las proposiciones subordinadas del ejercicio anterior (repasa la Unidad 9 si lo crees necesario).

EJERCICIO A.3

Completa las proposiciones con las conjunciones siguientes: pues, donde, para que, si, cuando, así que, siempre que, tanto, mientras, hasta que.

1. ... hay patrón, no manda marinero.
2. ... llueve, me pongo triste.
3. Prepara las maletas ... puedas.
4. Abre tú la puerta ... cojo el paraguas.
5. Deberías casarte, ... búscate una novia guapa.
6. El ejército no avanzó ... no lo ordenó el general.
7. Felipe no sabe ... como dicen.
8. Los mineros se manifestaron ... el gobierno los escuchara.
9. Muchos estaban muy cansados, ... venían de muy lejos.
10. ... sigue haciendo tanto frío, no saldremos a pasear.

B TAREA

EJERCICIO B.1

Con la información que figura en el cuadro, escribe diez frases utilizando las siguientes conjunciones: si, mientras (que), aunque, a pesar de que, cuando, ya que, siempre que, con tal que, ahora que, porque.

Ejemplo: *Si cojo el vuelo de las 9* llegaré a Barcelona a las 9:55.

Medio de transporte	Salida de Madrid	Llegada a Barcelona
AUTOBUSES		
5.000 pesetas		
La Catalana	8:00	14:15
Interurbanos, S. L.	9:15	15:30
TRENES		
10.000 pesetas		
Talgo	9:00	13:10
Ter	9:30	15:30
AVIONES		
25.000 pesetas		
Aviaco	9:00	9:55
Iberia	10:00	10:55

EJERCICIO B.2

De las palabras que siguen, elige la más adecuada y completa las frases con la información que tienes en el cuadro: porque, a menos que, si, tan pronto como, aunque, puesto que, mientras que, a pesar de que, ni siquiera.

Nombre del hotel	Precio habitación doble	Comodidades	Restricciones
Valle-Mar	15.000 pesetas	Piscina	Perros no
Playa-Sol	18.000 pesetas	Sauna	No fumador
Marquesa	10.000 pesetas	Tenis	Sólo verano
Tigaiga	20.000 pesetas	Golf	Vegetariano

1. ... el Marquesa sólo cuesta ..., el precio del Tigaiga asciende a ... pesetas.
2. ... no puedo llevar a mi perro, voy a quedarme en el hotel ...
3. ... es el más caro, creo que el hotel ... es el mejor.

4. No puedo quedarme en el hotel ... ... tengo programado el viaje para febrero.
5. ... me dejaran fumar, no me quedaría en el hotel ... un minuto.
6. ... mi presupuesto es apretado, sólo me puedo permitir el alojamiento en el hotel ...
7. ... te quedas en el ... te costará ... pesetas, pero tienes la ventaja de la sauna.
8. He escogido el hotel ... ... me gusta tomar el sol al borde de una piscina.
9. ... tanto te gusta el golf, quédate en el hotel ...
10. ... llegue al hotel ..., reservaré la cancha de tenis.

EJERCICIO B.3

Eres un agente de viajes y estás informando a unos turistas sobre los hoteles que tienes en el cuadro anterior. Utilizando esa información, escribe diez proposiciones con subordinadas adverbiales.

Ejemplo: *Aunque es el más barato,* no me atrevo a recomendarle el hotel Marquesa.

EJERCICIO B.4

Un periodista ha tomado unas notas sobre un incendio en un avión. Combina cada pareja de oraciones y escribe la noticia completa.

Ejemplo: El avión se retrasó por cuestiones técnicas. Salió una hora más tarde.
El avión salió una hora más tarde porque se retrasó por cuestiones técnicas.

1. Los pasajeros vieron humo. Se alarmaron mucho.
2. El avión acababa de salir de Mallorca. El piloto decidió regresar.
3. El control aéreo del aeropuerto avisó a los bomberos. Se preparaban para combatir un incendio.
4. Los pasajeros creían que el avión se iba a estrellar. Algunos gritaban horrorizados del pánico.
5. El piloto logró aterrizar sin problemas. Los pasajeros se sintieron muy aliviados.
6. Todos estaban preocupados por el peligro de incendio. Se dieron prisa en abandonar el aparato.
7. Los bomberos utilizaron espuma. Apagaron el fuego enseguida.
8. Muchos de los pasajeros estaban agotados. Aplazaron el viaje.

EJERCICIO B.5

Si combinas conjunciones y verbos de las dos casillas y completas las frases, aprenderás algunas cosas importantes sobre Napoleón.

porque, cuando, mientras, hasta que, después de que, para que	entrar, invadir, venir, creer, partir, vencer, dirigir

1. Napoleón invadió Rusia en 1812, ... a los austriacos en dura batalla.
2. No declaró formalmente la guerra al zar ... sus tropas ... el país.
3. .... derrotó a sus enemigos en la batalla de Borodino, ... hacia Moscú.
4. ... Napoleón ... en Moscú, la ciudad estaba prácticamente vacía.
5. Napoleón se enfadó mucho ... ... que su ejército estaba arrasando una ciudad densamente poblada.
6. El ejército francés se quedó en Moscú ... sus tropas no se vieran afectadas por el crudo invierno.
7. A pesar de las previsiones de Napoleón, muchos soldados murieron ... se ... hacía el sur bajo intensas nevadas.

EJERCICIO B.6

Pon los verbos que aparecen entre paréntesis en la forma correspondiente y completa la información que el director ha transmitido a los profesores con las palabras siguientes: mientras, antes, si, hasta que, aunque.

1. ... de (ir) a clase, recojan en el Centro de Recursos los medios audiovisuales que necesiten.
2. Recuerden que los alumnos tienen la obligación de asistir a clase. ... (faltar) alguno, por favor, informen al Jefe de Estudios.
3. Se ruega no fumar ... se (estar) en clase.
4. Por favor, permanezcan en las clases ... el último alumno (salir).
5. ... los problemas de disciplina (disminuir), se ruega firmeza con los alumnos más rebeldes.

EJERCICIO B.7

Con las pistas que te damos a continuación podrás encontrar la respuesta a la pregunta que te proponemos.

Pistas

a) Rosario, Enrique y Antonio utilizan el coche cuando van a su trabajo.
b) A Rosario le gusta la natación porque es un ejercicio muy completo.

c) Enrique practica tenis, fútbol y natación, mientras que Antonio sólo practica el fútbol.
d) Aunque también le gusta estar con sus amigos, Rosario pasa sus vacaciones en desiertos o montañas.
e) Enrique podría pasar unas vacaciones maravillosas en una isla o en la montaña siempre que le acompañe su novia.
f) Antonio sueña con disfrutar sus vacaciones en el mar o en una isla porque es muy aficionado a la pesca submarina.
g) A pesar de que todos ven las noticias y los culebrones en la televisión, Antonio y Enrique distrutan sobre todo con los deportes, y Rosario, con las películas.

Caso para resolver

Se ha encontrado un coche en cuyo interior hay un balón, un folleto con la programación deportiva de Televisión Española y un libro sobre alpinismo. ¿A quién de los tres personajes pertenece? Completa el siguiente texto:

No creo que sea el coche de ... puesto que no juega al fútbol y no ve nunca ... en la televisión.
... fuera un folleto con las películas sería más lógico, ... disfruta mucho con ellas.
No creo que sea el coche de ... porque no pasa sus vacaciones en ...
Como quiera que sus dos grandes aficiones son la natación y la pesca submarina, probablemente encontraríamos una guía de deportes relacionados con el ... en el coche.
Creo que es el coche de ... porque ..., ... y ...

RECUERDA

En esta Unidad has aprendido que:

1. Las subordinadas circunstanciales indican relaciones de lugar, modo, tiempo, condición, causa, consecuencia, obstáculo y finalidad.

2. Lo más frecuente es que vayan precedidas de un adverbio o de una conjunción.

3. Llevan el verbo en indicativo con los nexos siguientes: *ahora que, mientras que, puesto que, ya que.*

4. Llevan el verbo en subjuntivo con los nexos *a fin de que, a menos que, a no ser que, antes (de) que, como si, con tal de que, en caso de que, para que, sin que.*

COMPRUEBA

Explica las frases destacadas de los pensamientos y aforismos con los que se inicia esta Unidad.

APÉNDICE

VERBOS REGULARES

Modelo de la primera conjugación

Verbo: amar

INFINITIVO		GERUNDIO		PARTICIPIO
Simple amar	**Compuesto** haber amado	**Simple** amando	**Compuesto** habiendo amado	**Simple** amado

INDICATIVO		SUBJUNTIVO	
Presente amo amas ama amamos amáis aman	**Pret. perf.** he amado has amado ha amado hemos amado habéis amado han amado	**Presente** ame ames ame amemos améis amen	**Pret. perf.** haya amado hayas amado haya amado hayamos amado hayáis amado hayan amado
Pret. imperf. amaba amabas amaba amábamos amabais amaban	**Pret. plusc.** había amado habías amado había amado habíamos amado habíais amado habían amado	**Pret. imperf.** amara/amase amaras/amases amara/amase amáramos/amásemos amarais/amaseis amaran/amasen	**Pret. plusc.** hubiera/hubiese amado hubieras/hubieses amado hubiera/hubiese amado hubiéramos/hubiésemos amado hubierais/hubieseis amado hubieran/hubiesen amado
Pret.indefinido amé amaste amó amamos amasteis amaron	**Pret. anterior** hube amado hubiste amado hubo amado hubimos amado hubisteis amado hubieron amado		
Futuro amaré amarás amará amaremos amaréis amarán	**Futuro perf.** habré amado habrás amado habrá amado habremos amado habréis amado habrán amado	**Futuro imperf.** amare amares amare amáremos amareis amaren	**Futuro perf.** hubiere amado hubieres amado hubiere amado hubiéremos amado hubiereis amado hubieren amado
Condicional amaría amarías amaría amaríamos amaríais amarían	**Condicional perf.** habría amado habrías amado habría amado habríamos amado habríais amado habrían amado		

IMPERATIVO
Presente ama *tú*, ame *usted*, amemos *nosotros,* amad *vosotros*, amen *ustedes*

VERBOS REGULARES

Modelo de la segunda conjugación

Verbo: temer

INFINITIVO		GERUNDIO		PARTICIPIO
Simple temer	**Compuesto** haber temido	**Simple** temiendo	**Compuesto** habiendo temido	**Simple** temido

INDICATIVO		SUBJUNTIVO	
Presente temo temes teme tememos teméis temen	**Pret. perf.** he temido has temido ha temido hemos temido habéis temido han temido	**Presente** tema temas tema temamos temáis teman	**Pret. perf.** haya temido hayas temido haya temido hayamos temido hayáis temido hayan temido
Pret. imperf. temía temías temía temíamos temíais temían	**Pret. plusc.** había temido habías temido había temido habíamos temido habíais temido habían temido	**Pret. imperf.** temiera/temiese temieras/temieses temiera/temiese temiéramos/temiésemos temierais/temieseis temieran/temiesen	**Pret. plusc.** hubiera/hubiese temido hubieras/hubieses temido hubiera/hubiese temido hubiéramos/hubiésemos temido hubierais/hubieseis temido hubieran/hubiesen temido
Pret. indefinido temí temiste temió temimos temisteis temieron	**Pret. anterior** hube temido hubiste temido hubo temido hubimos temido hubisteis temido hubieron temido		
Futuro temeré temerás temerá temeremos temeréis temerán	**Futuro perf.** habré temido habrás temido habrá temido habremos temido habréis temido habrán temido	**Futuro imperf.** temiere temieres temiere temiéremos temiereis temieren	**Futuro perf.** hubiere temido hubieres temido hubiere temido hubiéremos temido hubiereis temido hubieren temido
Condicional temería temerías temería temeríamos temeríais temerían	**Condicional perf.** habría temido habrías temido habría temido habríamos temido habríais temido habrían temido		

IMPERATIVO
Presente teme *tú,* tema *usted*, temamos *nosotros,* temed *vosotros*, teman *ustedes*

VERBOS REGULARES

Modelo de la tercera conjugación

Verbo: partir

INFINITIVO		GERUNDIO		PARTICIPIO
Simple partir	**Compuesto** haber partido	**Simple** partiendo	**Compuesto** habiendo partido	**Participio** partido

INDICATIVO		SUBJUNTIVO	
Presente parto partes parte partimos partís parten	**Pret. perf.** he partido has partido ha partido hemos partido habéis partido han partido	**Presente** parta parta partas partamos partáis partan	**Pret. perf.** haya partido hayas partido haya partido hayamos partido hayáis partido hayan partido
Pret. imperf. partía partías partía partíamos partíais partían	**Pret. plus.** había partido habías partido había partido habíamos partido habíais partido habían partido	**Pret. imperf.** partiera/partiese partieras/partieses partiera/partiese partiéramos/partiésemos partierais/partieseis partieran/partiesen	**Pret. plusc.** hubiera/hubiese partido hubieras/hubieses partido hubiera/hubiese partido hubiéramos/hubiéseis partido hubierais/hubieseis partido hubieran/hubiesen partido
Pret. indefinido partí partiste partió partimos partisteis partieron	**Pret. anterior** hube partido hubiste partido hubo partido hubimos partido hubisteis partido hubieron partido		
Futuro partiré partirás partirá partiremos partiréis partirán	**Futuro perf.** habré partido habrás partido habrá partido habremos partido habréis partido habrán partido	**Futuro imperf.** partiere partieres partiere partiéremos partiereis partieren	**Futuro perf.** hubiere partido hubieres partido hubiere partido hubiéremos partido hubiereis partido hubieren partido
Condicional partiría partirías partiría partiríamos partiríais partirían	**Condicional perf.** habría partido habrías partido habría partido habríamos partido habríais partido habrían partido		

IMPERATIVO
Presente parte *tú*, parta *usted*, partamos *nosotros*, partid *vosotros*, partan *ustedes*

VERBOS REGULARES
Variaciones ortográficas[1]

CONJUGACIÓN	TERMINACIÓN	CAMBIO	CIRCUNSTANCIA	EJEMPLO
PRIMERA	-car -gar -zar	c > qu g > gu z > c	ante -e ante -e ante -e	toque llegue goce
SEGUNDA	-cer -ger -eer	c > z g > j i > y	ante -a, -o ante -a, -o V + i átona + V	venza escoja leyó
TERCERA	-cir -gir -guir	c > z g > j gu > g	ante -a, -o ante -a, -o ante -a, -o	ejerzo finjo distingo

VERBOS IRREGULARES
Irregularidades vocálicas y consonánticas

Debilitación	e > i o > u	pedir, pide; mentir, mintió dormir, durmió
Diptongación	e > ie i > ie o > ue u > ue	perder, pierdo adquirir, adquiero dormir, duerme jugar, juego
Cambio de consonante	c > g b > h	hacer, hago haber, haya
Adición de consonante a la última vocal o consonante de la raíz	+ y + g c > zc	construir, construy**a**, -**e**, -**o** salir, salg**a**, -**o** agradecer, agradezc**a**, -**o**
Pérdida de vocal	e > -	poder, podré, podría
Interposición de consonante (epentética)	- d -	poner, pondré; venir, vendré

[1] No alteran la pronunciación de las formas verbales en las que se producen.

VERBOS IRREGULARES MÁS FRECUENTES
Formas irregulares

Andar

Pret. indef.:	anduve, anduviste, anduvo, anduvimos, anduvisteis, anduvieron.
Pret. imperf. subj.:	anduviera/anduviese, anduvieras/anduvieses, anduviera/anduviese, anduviéramos/anduviésemos, anduvierais/anduvieseis, anduvieran/anduviesen.

Caber

Pres. ind.:	quepo, cabes, cabe, etc.
Pret. indef.:	cupo, cupiste, cupo, cupimos, cupisteis, cupieron.
Futuro:	cabré, cabrás, cabrá, cabremos, cabréis, cabrán.
Condicional:	cabría, cabrías, cabría, cabríamos, cabríais, cabrían.
Pres. subj.:	quepa, quepas, quepa, quepamos, quepáis, quepan.
Pret. imperf. subj.:	cupiera/cupiese, cupieras/cupieses, cupiera/cupiese, cupiéramos/cupiésemos, cupierais/cupieseis, cupieran/cupiesen.

Caer

Pres. ind.:	caigo, caes, cae, etc.
Pret. indef.:	caí, caíste, cayó, caímos, caísteis, cayeron.
Pres. subj.:	caiga, caigas, caiga, caigamos, caigáis, caigan.
Pret. imperf. subj.:	cayera/cayese, cayeras/cayeses, cayera/cayese, cayéramos/cayésemos, cayerais/cayeseis, cayeran/cayesen.

Conducir

Pres. ind.:	conduzco, conduces, conduce, etc.
Pret. indef.:	conduje, condujiste, condujo, condujimos, condujisteis, condujeron.
Pres. subj.:	conduzca, conduzcas, conduzca, conduzcamos, conduzcáis, conduzcan.
Pret. imperf. subj.:	condujera/condujese, condujeras/ condujeses, condujera/condujese, condujéramos/condujésemos, condujerais/condujeseis, condujeran/condujesen.

NOTA: Se conjugan como ***conducir*** todos los verbos terminados en ***-ucir***.

Conocer

Pres. ind.:	conozco, conoces, conoce, etc.
Pres. subj.:	conozca, conozcas, conozca, conozcamos, conozcáis, conozcan.

NOTA: Se conjugan como ***conocer*** todos los verbos terminados en vocal + ***cer*** o ***cir***, excepto ***cocer***, ***hacer*** y ***mecer***.

Dar

Pres. ind.:	doy, das, da, etc.
Pret. indef.:	di, diste, dio, dimos, disteis, dieron.
Pres. subj.:	dé, des, dé, etc.
Pret. imperf. subj.:	diera/diese, dieras/dieses, diera/diese, diéramos/ diésemos, dierais/dieseis, dieran/diesen.

Decir

Pres. ind.:	digo, dices, dice, decimos, etc.
Pret. indef.:	dije, dijiste, dijo, dijimos, dijisteis, dijeron.
Futuro:	diré, dirás, dirá, diremos, direis, dirán.
Condicional:	diría, dirías, diría, diríamos, diríais, dirían.
Pres. subj.:	diga, digas, diga, digamos, digáis, digan.
Pret. imperf. subj.:	dijera/dijese, dijeras/dijeses, dijera/dijese, dijéramos/dijésemos, dijerais/dijeseis, dijeran/dijesen.
Gerundio:	diciendo.
Participio:	dicho.
Imperativo:	di, decid.

Estar

Pres. ind.:	estoy, estás, está, etc.
Pret. indef.:	estuve, estuviste, estuvo, estuvimos, estuvisteis, estuvieron.
Pres. subj.:	esté, estés, esté, estemos, estéis, estén.
Pret. imperf. subj.:	estuviera/estuviese, estuvieras/estuvieses, estuviera/estuviese, estuviéramos/estuviésemos, estuvierais/estuvieseis, estuvieran/estuviesen.
Imperativo:	está, estad.

Hacer

Pres. ind.:	hago, haces, hace, etc.
Pret. indef.:	hice, hiciste, hizo, hicimos, hicisteis, hicieron.
Futuro:	haré, harás, hará, haremos, haréis, harán.
Condicional:	haría, harías, haría, haríamos, haríais, harían.
Pres. subj.:	haga, hagas, haga, hagamos, hagáis, hagan.
Pret. imperf. subj.:	hiciera/hiciese, hicieras/hicieses, hiciera/hiciese, hiciéramos/hiciésemos, hicierais/hicieseis, hicieran/hiciesen.
Participio:	hecho.
Imperativo:	haz, haced.

Ir

Pres. ind.:	voy, vas, va, vamos, vais, van.
Pret. imperf. ind.:	iba, ibas, iba, íbamos, ibais, iban.
Pret. indef.:	fui, fuiste, fue, fuimos, fuisteis, fueron.
Pres. subj.:	vaya, vayas, vaya, vayamos, vayáis, vayan.
Pret. imperf. subj.:	fuera/fuese, fueras/fueses, fuera/fuese, fuéramos/fuésemos, fuerais/fueseis, fueran/fuesen.
Gerundio:	yendo.
Imperativo:	ve, id.

Oír

Pres. ind.:	oigo, oyes, oye, oímos, oís, oyen.
Pret. indef.:	oí, oíste, oyó, oímos, oísteis, oyeron.
Pres. subj.:	oiga, oigas, oiga, oigamos, oigáis, oigan.
Pret. imperf. subj.:	oyera/oyese, oyeras/oyeses, oyera/oyese, oyéramos/oyésemos, oyerais/oyeseis, oyeran/oyesen.
Gerundio:	oyendo.
Participio:	oído.
Imperativo:	oye, oíd.

Oler

Pres. ind.:	huelo, hueles, huele, olemos, oléis, huelen.
Pres. subj.:	huela, huelas, huela, olamos, oláis, huelan.
Imperativo:	huele, oled.

Poder

Pres. ind.:	puedo, puedes, puede, podemos, podéis, pueden.
Pret. indef.:	pude, pudiste, pudo, pudimos, pudisteis, pudieron.
Futuro:	podré, podrás, podrá, podremos, podréis, podrán.
Condicional:	podría, podrías, podría, podríamos, podríais, podrían.
Pres. subj.:	pueda, puedas, pueda, podamos, podáis, puedan.
Pret. imperf. subj.:	pudiera/pudiese, pudieras/pudieses, pudiera/pudiese, pudiéramos/pudiésemos, pudierais/pudieseis, pudieran/pudiesen.
Imperativo:	puede, poded.

Poner

Pres. ind.:	pongo, pones, pone, etc.
Pret. indef.:	puse, pusiste, puso, pusimos, pusisteis, pusieron.
Futuro:	pondré, pondrás, pondrá, pondremos, pondréis, pondrán.
Condicional:	pondría, pondrías, pondría, pondríamos, pondríais, pondrían.
Pret. imperf. subj.:	pusiera/pusiese, pusieras/pusieses, pusiera/pusiese, pusiéramos/pusiésemos, pusierais/pusieseis, pusieran/pusiesen.
Participio:	puesto.
Imperativo:	pon, poned.

Querer

Pres. ind.:	quiero, quieres, quiere, queremos, queréis, quieren.
Pret. indef.:	quise, quisiste, quiso, quisimos, quisisteis, quisieron.
Futuro:	querré, querrás, querrá, querremos, querréis, querrán.
Condicional.:	querría, querrías, querría, querríamos, querríais, querrían.
Pres. subj.:	quiera, quieras, quiera, queramos, queráis, quieran.
Pret. imperf. subj.:	quisiera/quisiese, quisieras/quisieses, quisiera/quisiese, quisiéramos/quisiésemos, quisierais/quisieseis, quisieran/quisiesen.
Imperativo:	quiere, quered.

Saber

Pres. ind.: sé, sabes, sabe, etc.
Pret. indef.: supe, supiste, supo, supimos, supisteis, supieron.
Futuro: sabré, sabrás, sabrá, sabremos, sabréis, sabrán.
Condicional: sabría, sabrías, sabría,sabríamos, sabríais, sabrían.
Pres. subj.: sepa, sepas, sepa, sepamos, sepáis, sepan.
Pret. imperf. subj.: supiera/supiese, supieras/supieses, supiera/supiese, supiéramos/supiésemos, supierais/supieseis, supieran/supiesen.

Ser

Pres. ind.: soy, eres, es, somos, sois, son.
Pret. imperf.: era, eras, era, éramos, erais, eran.
Pret. indef.: fui, fuiste, fue, fuimos, fuisteis, fueron.
Pres. subj.: sea, seas, sea, seamos, seáis, sean.
Pret. imperf. subj.: fuera/fuese, fueras/fueses, fuera/fuese, fuéramos/fuésemos, fuerais/fueseis, fueran/fuesen.
Imperativo: sé, sed.

Tener

Pres. ind.: tengo, tienes, tiene, tenemos, tenéis, tienen.
Pret. indef.: tuve, tuviste, tuvo, tuvimos, tuvisteis, tuvieron.
Futuro: tendré, tendrás, tendrá, tendremos, tendréis, tendrán.
Condicional: tendría, tendrías, tendría, tendríamos, tendríais, tendrían.
Pres. subj.: tenga, tengas, tenga, tengamos, tengáis, tengan.
Pret. imperf. subj.: tuviera/tuviese, tuvieras/tuvieses, tuviera/tuviese, tuviéramos/tuviésemos, tuvierais/tuvieseis, tuvieran/tuviesen.
Imperativo: ten, tened.

Traer

Pres. ind.: traigo, traes, trae, etc.
Pret. indef.: traje, trajiste, trajo, trajimos, trajisteis, trajeron.
Pres. subj.: traiga, traigas, traiga, traigamos, traigáis, traigan.
Pret. imperf. subj.: trajera/trajese, trajeras/trajeses, trajera/trajese, trajéramos/trajésemos, trajerais/trajeseis, trajeran/trajesen.
Gerundio: trayendo.
Participio: traído.

Valer

Pres. ind.: valgo, vales, vale, etc
Futuro: valdré, valdrás, valdrá, valdremos, valdréis, valdrán.
Condicional: valdría, valdrías, valdría, valdríamos, valdríais, valdrían.
Pres. subj.: valga, valgas, valga, valgamos, valgáis, valgan.

Venir

Pres. ind.:	vengo, vienes, viene, venimos, venís, vienen.
Pret. indef.:	vine, viniste, vino, vinimos, vinisteis, vinieron.
Futuro:	vendré, vendrás, vendrá, vendremos, vendréis, vendrán.
Condicional:	vendría, vendrías, vendría, vendríamos, vendríais, vendrían.
Pres. subj.:	venga, vengas, venga, vengamos, vengáis, vengan.
Pret. imperf. subj.:	viniera/viniese, vinieras/vinieses, viniera/viniese, viniéramos/viniésemos, vinierais/vinieseis, vinieran/viniesen.
Gerundio:	viniendo.
Imperativo:	ven, venid.

Ver

Pres. ind.:	veo, ves, ve, vemos, veis, ven.
Pret. imperf. ind.:	veía, veías, veía, veíamos, veíais, veían.
Pres. subj.:	vea, veas, vea, veamos, veáis, vean.
Participio:	visto.

PARTICIPIOS IRREGULARES

Infinitivo	*Participio*
abrir	abierto
cubrir	cubierto
decir	dicho
escribir	escrito
freír	frito
hacer	hecho
morir	muerto
poner	puesto
resolver	resuelto
romper	roto
ver	visto
volver	vuelto

VERBOS CON DOS PARTICIPIOS

	Regular	***Irregular****
atender	atendido	atento
bendecir	bendecido	bendito
confundir	confundido	confuso
corregir	corregido	correcto
despertar	despertado	despierto
difundir	difundido	difuso
elegir	elegido	electo
fijar	fijado	fijo
freír	freído	frito
juntar	juntado	junto
nacer	nacido	nato
prender	prendido	preso
salvar	salvado	salvo
soltar	soltado	suelto
sujetar	sujetado	sujeto
suspender	suspendido	suspenso

* Estos participios suelen funcionar como adjetivos.

SOLUCIONARIO

UNIDAD 1

EJERCICIO A.1

1. negativa 2. interrogativa 3. afirmativa 4. negativa 5. imperativa 6. interrogativa 7. exclamativa 8. negativa 9. interrogativa 10. imperativa.

EJERCICIO A.2

1. predicativa 2. impersonal 3. predicativa 4. recíproca 5. intransitiva 6. impersonal 7. intransitiva 8. predicativa 9. pasiva refleja 10. reflexiva.

EJERCICIO A.3

1. la rama materna 2. la madre de Matilde 3. Matilde 4. Matilde 5. el abuelo materno 6. el abuelo materno 7. el abuelo materno 8. impersonal 9. impersonal 10. el abuelo materno 11. el abuelo materno 12. el abuelo materno 13. el abuelo materno 14. su libertad 15. la libertad 16. la única libertad 17. mi abuelo 18. mi abuelo 19. mi abuelo 20. mi abuelo 21. mi abuelo 22. mi abuelo 23. mi abuelo 24. mi abuelo 25. mi abuelo.

EJERCICIO A.4

1. sujeto 2. predicado (atributo) 3. complemento directo 4. complemento indirecto 5. complemento directo 6. predicado (atributo) 7. predicado (atributo) 8. sujeto 9. sujeto 10. sujeto 11. complemento indirecto 12. complemento circunstancial 13. sujeto 14. complemento del nombre. 15. sujeto. 16. sujeto.

EJERCICIO B.1

3. No tiene ningún interés. 4. María es muy divertida. 5. Fue un gol clarísimo. 6. ¿Cómo te llamas? 8. ¿De dónde eres? 9. ¡Qué casualidad! 10. No te pongas esa falda.

EJERCICIO B.2

Posibles respuestas: Me llamo Birgitte. Soy de Alemania. Llevo aquí dos semanas. He venido a trabajar. Me gusta mucho esta ciudad. Me gustan algo.

EJERCICIO B.3

Te quiero mucho.

UNIDAD 2

EJERCICIO A.1

1. los contables 2. los abades 3. las enfermeras 4. los novelistas 5. las peluqueras 6. los actores 7. los albañiles 8. los capitanes 9. las cantantes 10. las actrices.

EJERCICIO A.2

1. Sólo he visitado tres países africanos. 2. El jeque se casó con seis mujeres. 3. El dentista me sacó dos muelas. 4. El niño vio aterrizar cinco aviones. 5. Sólo hay dos paraguas en la casa. 6. Por un precio ridículo compré cuatro relojes de oro. 7. Hay dos tocadiscos en el aula. 8. Vi tres caracoles en la pared. 9. El político presentó dos hipótesis interesantes. 10. El ciclista tardó dos meses en recorrer dos países.

EJERCICIO A.3

1. la 2. la 3. el 4. la 5. el 6. el 7. el 8. la 9. la 10. el.

EJERCICIO A.4

1. la 2. el 3. el 4. el 5. la 6. el 7. la 8. el 9. el 10. la.

EJERCICIO A.5

vidas; actrices; razas; pensiones; tesis; relojes; paraguas; capitales; peces; crisis.

EJERCICIO A.6

1. masculino 2. femenino 3. masculino 4. femenino 5. femenino 6. masculino 7. femenino 8. masculino 9. masculino y femenino 10. masculino.

EJERCICIO B.1

Pedró regaló un libro de aventuras a Juan. Otilia regaló a Ana un televisor en color. Juan regaló a Ana un traje de seda. Cristina regaló a Pedro un poema de amor. Eduardo regaló un reloj de cuarzo a Cristina. Ana regaló a Cristina una caja de bombones.

EJERCICIO B.2

Posibles respuestas: Los García necesitarán una docena de huevos. Los García necesitarán un rollo de papel higiénico. Los García necesitarán una pastilla de jabón para la ropa. Los García necesitarán tres kilos de plátanos. Los García necesitarán media docena de latas de almejas. Los García necesitarán media docena de paquetes de arroz.

UNIDAD 3

EJERCICIO A.1

2. el 3. el 4. unas 6. el.

EJERCICIO A.2

1. la; una 2. el; un 3. una; —; —; —; — 4. al; el; las 5. el 6. el; la 7. la; los 8. la; — 9. una; el 10. lo; el.

EJERCICIO A.3

1. los cinturones 2. lo mejor 3. la capital 4. las seis 5. un cocinero 6. unas almejas 7. el río 8. el arquitecto 9. unos amigos.

EJERCICIO B.1

1. Me es imposible viajar en avión. Llegaré el martes, día 10, en el tren de las 11.30 de la mañana. La señorita García compró los libros que necesitas. Espérame en la estación. Un abrazo. Antonio. 2. Unos amigos míos tienen un hijo en España estudiando en la Universidad de Salamanca. Necesita una residencia en el centro de la ciudad. Agradecería me envíen información sobre los precios. Saludos. Luisa. 3. Vendo una casa situada en el campo, a tres kilómetros del centro de la capital de la provincia. Tiene una huerta de 500 metros y un garaje para dos coches. Las condiciones de pago son interesantes. Llamen al teléfono 23 65 84, de dos a cinco de la tarde. Pregunten por la señorita Fernández. 4. Se vende un barco útil para la pesca y el recreo en el Club Náutico de la ciudad de Cádiz. El precio es a convenir. El teléfono de contacto es el 23 47 65.

EJERCICIO B.2

el; el; un; los; al; la; el; la; —; el; —; una; el; el; la.

EJERCICIO B.3

Soy médico. En un hospital. A las ocho. En la cantina del hospital. En ginecología.

EJERCICIO B.4

Debido a interferencias en **la** línea telefónica, **el** siguiente diálogo está incompleto. Escribe, cuando sea necesario, **los** artículos que faltan, incluyendo **los** de estas instrucciones.

A: Consulta de **la** doctora Gómez. Buenos días.
B: Oiga, oiga, ¿es **la** consulta...
A: *(Interrumpiendo)* Sí, sí, aquí es. ¿Qué desea?
B: Mire, señorita, me duele mucho **la** pierna izquierda y quisiera pedir hora para que me vea la doctora **lo** antes posible.
A: **Un** momento, por favor. Voy a consultar **la** agenda. **El** único día que puede recibirle es **el** jueves, a **las** cinco de **la** tarde.
B: De acuerdo. Tome nota. Soy **la** señora García. Mi número de teléfono es **el** 43 26 58.

EJERCICIO B.5

Se pelan **las** patatas, se parten en cuadritos, se parten también **los** calabacines y se pica **la** cebolla; en **un** mortero se majan **los** ajos, cilantro y sal; se pone todo en **una** cacerola y se añade **el** aceite y agua hasta cubrirlo todo. Se pone al fuego durante **unos** 90 minutos (más o menos) y finalmente se escacha para que se una y quede espeso.

UNIDAD 4

EJERCICIO A.1

1. entrégasela 2. hoy llega él 3. ayer se lo compré 4. no lo entiendo 5. se lo pedí 6. Él no (lo) es 7. lo sabemos 8. es difícil aprenderlas 9. él les enseña español 10. él se las devolvió.

EJERCICIO A.2

te; me; le; lo; conmigo; me; te; le; le; me; me; él; te; lo.

EJERCICIO B.1

Soy yo. Me parece bien, ¿dónde nos vemos? Me conviene un restaurante cerca de mi casa porque no tengo mucho tiempo. Me han recomendado el restaurante Roma. Está en la calle Asturias, nº 10 ¿te viene bien vernos allí a las dos? El servicio es rápido, pero comunica a tu secretaria dónde nos puede localizar. De acuerdo, hasta luego.

EJERCICIO B.2

1. Hoy no puedo salir contigo. 2. El guardia le puso una multa. 3 Quiero dedicárselo a mi profesor. 4. Tráemelas. 7. No hay secretos entre nosotros. 8. Te lo digo en serio.

EJERCICIO B.3

Posibles respuestas: 1. Debería verlas. 2. Debería dársela. 3. Debería apretarlo. 4. Debería dárselo. 5. Debería cerrarla. 6. Debería devolvérselo.

UNIDAD 5

EJERCICIO A.1

bosques frondosos; ideas geniales; mera casualidad; butaca cómoda; dulce miel; lucha feroz; alta costura; perros fieles; numerosos regalos; noche oscura; pleno invierno.

EJERCICIO A.2

1. bonitas 2. escritos 3. viejos 4. inteligente 5. sucios 6. alta 7. gran 8. mal 9. nuevos.

EJERCICIO B.1

1. verdadero 2. verdadero 3. verdadero 4. verdadero 5. verdadero 6. falso 7. falso 8. falso 9. verdadero 10. verdadero.

EJERCICIO B.2

Posibles respuestas: La Suzuki es más barata que la Honda, pero más cara que la Derby. La Honda es la más potente. La Derby es la menos potente. La Derby es más lenta que la Suzuki y la Honda.

EJERCICIO B.3

la moderna formación; a un público entregado; las nuevas canciones; canción melódica.

EJERCICIO B.4

Posibles respuestas: Fernando es más alto que Luis y Pedro. Carmen es más vieja que Candelaria y María. María es la más joven. Fernando es el más alto.

UNIDAD 6

EJERCICIO A.1

1. éstos y aquéllos 2. algunos 3. la nuestra 4. ese 5. bastante 6. los tuyos 7. éstos 8. ninguna 9. ese 10. cuántos.

EJERCICIO A.2

1. sus 2. aquel 3. qué 4. que 5. alguien; esto 6. alguno de los cuales 7. tu 8. lo que 9. cualquier 10. demasiados.

EJERCICIO B.1

1. quién 2. qué 3. qué 5. cuántos 8. algún 9. éste.

EJERCICIO B.2

Posibles respuestas: ¿Qué te ocurre? ¿Cómo se llama tu vecino? ¿Cuánto ganas? ¿Dónde vives? ¿Cómo te llamas? ¿Cuándo llegaste? ¿Cuáles prefieres? ¿Cuántos años cumpliste?

EJERCICIO B.3

Posibles preguntas: ¿Para qué se ven? ¿Qué les encanta hacer? ¿Cuánto tiempo pasan probándose trapos? ¿Qué van a hacer esta tarde? ¿Dónde entraron primero? ¿Quién quiso entrar en la tienda? ¿Para qué quería entrar en la tienda? ¿Qué le hacía ilusión a Toñi?

EJERCICIO B.4

TOÑI: ¿Qué hora es? DEP.: ¿Qué desea? DEP.: ¿Qué número calza? DEP.: ¿Qué tal (le van, le sientan)?, ¿cómo le quedan? DEP.: ¿Dónde le aprietan, hacen daño? TOÑI: ¿Cuánto cuestan?, ¿qué valen?

EJERCICIO B.5

Respuesta libre.

EJERCICIO B.6

Pronombres demostrativos: 6; Adjetivos posesivos: 1, 2, 3, 4, 7; Adjetivos indefinidos: 12, 13; Pronombres relativos: 8, 11; Pronombres interrogativos y exclamativos: 9, 10; Adjetivos interrogativos y exclamativos: 5.

UNIDAD 7

EJERCICIO A.1

1. vi 2. estuvimos 3. vivíamos 4. cierran 5. vienes 6. sabré 7. estuve 8. oí.

EJERCICIO A.2

fundieron; saben; llamaron; vino; sabía; arreglaban; era; cobraron.

EJERCICIO B.1

Todos los días doy un paseo de una hora. Lo conozco desde hace tres años. No tengo mucha fe en los métodos que prometen milagros. Hago siempre lo que me recomienda el médico. Digo siempre lo que pienso. No oigo bien ¿me lo repite, por favor? Me suena, pero no sé dónde está. Voy poco a la ciudad, porque no salgo mucho últimamente.

EJERCICIO B.2

empezó; se levantó; dio; dijo; se fue; llevaba; vio; dormían; hacía; era; llevaba; relucía; abrió; empezó; escondía.

EJERCICIO B.3

Respuesta libre.

EJERCICIO B.4

1. conozco 2. llueve 3. pienso 4. quiere 5. llegas 6. puede 7. sirve 8. entiende 9. cierran 10. sigo.

EJERCICIO B.5

Posibles respuestas: Eva limpió el piso el lunes pasado. Carlos lavó los platos el miércoles pasado. Pepe tendió la ropa ayer. Luis barrió el martes pasado. Alicia hizo la comida el miércoles pasado.

EJERCICIO B.6

Respuesta libre.

EJERCICIO B.7

Se llama; tiene; es; está; vive; mide; es; tiene; juega; duerme; se acuesta; oye.

EJERCICIO B.8

Se llamaba; nació; vivió; era; tenía; gustaba; era; poseía; hablaba; entendía; casó; era; tuvo.

EJERCICIO B.9

Predominio del pretérito indefinido que indica el progreso de la narración (acciones acabadas que se suceden) dentro del «plano panorámico» representado por el imperfecto *(ocultaba, desaparecía, producía).*

EJERCICIO B.10

Los cielos estarán casi despejados a primeras horas, luego estarán más nubosos en la mitad oriental. Se formarán nieblas en el interior. Quizás se producirán chubascos ocasionales en Sierra Nevada. Soplarán vientos flojos del Levante en el Estrecho. Subirán las temperaturas diurnas, con unas extremas previstas que oscilarán entre 29 grados y 9 grados.

UNIDAD 8

EJERCICIO A.1

1. has leído 2. hemos tenido 3. había amanecido 4. habrá llegado 5. había detenido 6. habrías hablado 7. habéis estudiado 8. habrá costado 9. ha habido 10. habrá llamado.

EJERCICIO A.2

1. En 1978 se promulgó la Constitución española. 2. La semana anterior estuvimos en Londres. 3. No he hablado con Juana todavía. 4. El año pasado visité Madrid. 5. En mi vida he visto una cosa igual. 6. Te he buscado durante todo el día. 7. Anoche atracaron el banco de Santander. 8. Cuando llegasteis, nos habíamos ido. 9. ¡Si me hubieran dejado, le habría dicho lo que pienso! 10. Apenas hubo comido, se marchó a trabajar.

EJERCICIO A.3

había salido; había atravesado; había conseguido; había producido; había venido; había llevado; había girado.

EJERCICIO B.1

Posibles respuestas: Ya he recogido la blusa de la tintorería, pero todavía no he comprado el pan. Ya he visitado a tu tía en la clínica, pero todavía no he recogido el pasaporte. Ya he hecho unas fotocopias, pero todavía no he solicitado una bombona de gas.

EJERCICIO B.2

Posibles respuestas: 1. CHARO: ¿Has ido a ver la película «Tacones lejanos»? TÚ: Sí, pero no me ha parecido muy interesante. 2. CHARO: ¿Has visitado Granada? TÚ: Sí, me ha parecido una ciudad maravillosa. 3. CHARO: ¿Has leído la novela que te recomendé? TÚ: Sí, pero no me ha gustado nada. 4. CHARO: ¿Has escuchado el último disco de «Mecano»? TÚ: Sí, me ha gustado enormemente. 5. CHARO: ¿Has ido de excursión con tus vecinos? TÚ: Sí, pero el mal tiempo lo ha echado todo a perder.

EJERCICIO B.3

Respuesta libre.

EJERCICIO B.4

Posibles respuestas: 1. Probablemente han ido al cine. 2. Creo que ha ido a comprar huevos. 3. Seguramente se han encontrado con el atasco de los viernes. 4. A lo mejor la has dejado en tu casa. 5. Pues porque habían prometido llegar a su casa antes de las diez.

EJERCICIO B.5

Respuesta libre.

UNIDAD 9

EJERCICIO A.1

1. futuro de indicativo → presente de subjuntivo 2. cond. ind. → imperf. subj. 3. cond. ind. → plusc. subj. 4. cond. perf. ind. → imperf. subj. 5. pret. perf. ind. → pres. subj. 6. pret. indef. ind. → pret. imperf. subj. 7. imperf. ind. → pret. imperf. subj. 8. pret. indef. ind. → pret. imperf. subj. 9. plusc. ind. → pret. imperf. subj. 10. imperativo → pres. subj.

EJERCICIO A.2

1. presente 2. futuro 3. pasado 4. presente 5. futuro.

EJERCICIO A.3

1. discutamos 2. llueva 3. haya habido 4. digas 5. odien 6. viniera 7. hubieras estudiado 8. hubiera sido 9. ganara 10. gustase.

EJERCICIO B.1

Posibles respuestas: Me gustaría que le encantase la música clásica. Me gustaría que tuviera un coche. Me gustaría que no fuese a bares tan caros. No me gustaría que estuviese divorciado. No me gustaría que pasase todos los fines de semana en su yate.

EJERCICIO B.2

Posibles respuestas: Debe ser un sitio que tenga buenas playas, en el que se pueda practicar *surf* y donde haya mucha gente joven. Le recomiendo que viaje al Caribe. Le sugiero que no lleve mucho dinero en metálico encima. Lo mejor es que vuele directo a Santo Domingo.

EJERCICIO B.3

Posibles respuestas: Dígale que cuente hasta cinco antes de empezar a hablar. Dígale que tome una taza de tila a media mañana. Dígale que visite a un psiquiatra.

EJERCICIO B.4

1. llueva 2. oiga 3. se portara/haya portado 4. quiera 5. termines/hayas terminado 6. hubieras venido 7. se callara.

EJERCICIO B.5

Posibles respuestas: 1. Espero que sepa disculparme. 2. Agradezco que me haya invitado a su fiesta. 3. Te recomiendo que leas esta novela de Camilo J. Cela. 4. Lo siento mucho, pero hasta que no termine de pintar la casa no tengo un sitio adecuado. 5. Confío en que esta vez te aprueben.

UNIDAD 10

EJERCICIO A.1

1. finalizada 2. corriendo 3. nevar 4. saber 5. llegar 6. arruinada 7. acostarme 8. dando 9. pensada 10. dejando.

EJERCICIO A.2

1. terminar 2. hablando 3. viajar 4. saltar 5. llorando 6. pintados 7. teniendo 8. ceñido 9. gritando 10. pasado 11. recibir 12. preparada.

EJERCICIO B.1

hablando (hablar); hablando (hablar); vestido; estampada; sustraer; robar; quitar; avisado; perseguir; corriendo.

EJERCICIO B.2

visitar; pasar; sentada; cantando; ir; tener; preparada; mostrar; contando; llegar.

EJERCICIO B.3

Respuesta libre.

EJERCICIO B.4

1. Está cantando. 2. Está oscureciendo. 3. Lleva esperando una hora. 4. Va a aterrizar. 5. Andan buscando piso. 6. Se ha quedado dormida. 7. Viene a costar unas seis mil pesetas. 8. Debe de tener unos cuarenta años. 9. Acaba de empezar. 10. Lleva corregidos veinticinco (exámenes). 11. Ha dejado de llover. 12. Se pone a estudiar.

EJERCICIO B.5

Respuesta libre.

EJERCICIO B.6

Optimista: 1, 3, 4, 6, 8, 10. **Pesimista:** 2, 5, 7, 9.

EJERCICIO B.7

Respuesta libre.

EJERCICIO B.8

2. anda muy preocupada 3. voy a leer 4. lleva diciéndome 5. acaba de empezar 6. dejar de pensar 7. llevo esperándote 8. va a llover 9. Deben de estar 10. puso a tocar.

UNIDAD 11

EJERCICIO A.1

1. estaba 2. estabas 3. es 4. está 5. es 6. estoy 7. serán 8. es 9. está 10. es.

EJERCICIO A.2

1. es 2. es 3. estaré 4. serás 5. estás 6. es 7. están 8. es 9. es 10. es.

EJERCICIO A.3

1. hay 2. había 3. había 4. habrá 5. había 6. había 7. hubo 8. hubiera 9. hay 10. hay.

EJERCICIO B.1

Posibles respuestas: **Deportista**: Soy atlético. Estoy en forma. Soy pura fibra. **Tímido**: Soy vergonzoso. No soy hablador. **Extrovertido**: Soy hablador. Estoy siempre rodeado de gente.

EJERCICIO B.2

2. B: ¿Está Conchi? Soy Carlos. 3. A: ¿Está Jaime? 4. A: Soy Jaime. ¿De qué país es usted?

EJERCICIO B.3

Posibles respuestas: Antes tenía mucho pelo y ahora está calvo. Antes era optimista y ahora es un pesimista. Antes siempre estaba contento y ahora está contrariado con frecuencia, ya no está de buen humor.

EJERCICIO B.4

Eres una araña. Eres un yogur. Eres la pasta de dientes. Eres una cartera.

EJERCICIO B.5

Posibles respuestas: **Una nube**: Soy vapor condensado. Estoy en el cielo. **Un árbol**: Soy un vegetal. Estoy cargado de ramas. Mi madera es útil. **Un lápiz**: Soy de madera por fuera. Estoy muy delgado. Estoy muy presente en los colegios. **Un hipopótamo**: Soy gordo y grande. Estoy casi siempre metido en el agua de ríos y pantanos.

EJERCICIO B.6

Es profesor. Es joven. Es alto. Es guapo. Es rico. Es simpático. Es inteligente. Es deportista. Es pelirrojo. Es madrugador. Es feliz. Está cansado. Está es su casa.

EJERCICIO B.7

Respuesta libre.

EJERCICIO B.8

Respuesta libre.

UNIDAD 12

EJERCICIO A.1

1. P 2. A 3. PR 4. A 5. P 6. A 7. P 8. PR.

EJERCICIO A.2

1. Se divisó el barco desde el faro. 2. Los cuadros se habían comprado mucho antes. 3. La carta se abrió sin que ella lo supiera. 4. Los presupuestos se recortaron en un 5 por 100. 5. Sus palabras se escucharon con atención.

EJERCICIO A.3

1. La Sagrada Familia fue construida por Gaudí en 1920. 2. La formación de una nueva galaxia ha sido descubierta por los astrónomos. 3. El Mercado Común fue fundado en 1957 por seis países. 4. El teléfono fue inventado por Alexander Graham Bell. 5. El próximo Nobel de Literatura será ofrecido a un escritor español.

EJERCICIO A.4

Son pasivas: 1, 2, 3, 5, 6 y 7.

EJERCICIO B.1

¿Qué pasó con el Rolls Royce? Que fue robado en la calle en pleno día. ¿Qué ha ocurrido con la colección Thyssen? Que ha sido donada al Estado Español. ¿Qué ocurrió con el restaurante? Que fue destruido por una explosión. ¿Qué pasó con los narcotraficantes? Que fueron detenidos en una gran redada. ¿Qué pasó con el Goya? Que fue vendido en 200 millones de pesetas. ¿Qué ha ocurrido con ese conocido político? Que ha sido interrogado sobre un caso de corrupción.

EJERCICIO B.2

La inteligencia se mide con un test. El tiempo se indica con un reloj. La dirección se indica con señales de tráfico. La hierba se corta con un cortacésped. La comida se sazona con especias. El pelo se seca con un secador. Las fotos se hacen con una cámara. La presión se mide con un barómetro.

EJERCICIO B.3

1. Fueron escritas por Vázquez Montalbán. 2. Fueron construidas por los egipcios. 3. Fue pronunciada por Hamlet. 4. Fue asesinado por Bruto. 5. Fue dirigida por Almodóvar. 6. Ha sido interpretado por Sean Connery. 7. Se habla español. 8. Se construyen barcos. 9. Fue escrito por Cervantes. 10. Ha sido ganado por el Real Madrid.

EJERCICIO B.4

1. se cultiva 2. se construyen 3. se produce 4. se montan 5. se funde 6. se construyen los barcos 7. se produce en Asturias 8. se cultiva; en la Mancha 9. se construyen barcos 10. es fundido en el País Vasco.

EJERCICIO B.5

Posibles respuestas: Durante la primera fase se prepara el suelo: se ara y se fertiliza. Luego se plantan cuatro semillas por agujero. Durante la segunda fase los arbustos son regados y fertilizados. Se desparasitan las plantas. El grano es recogido durante la tercera fase y se seca al sol. Luego es llevado a la fábrica, donde se tuesta en diferentes grados y se exporta.

UNIDAD 13

EJERCICIO A.1

1. ayer, extrañamente 2. bastante 3. pronto, quizá 4. penosamente 5. ahora, bastante, cerca, aquí.

EJERCICIO A.2

1. Mi tía nos visita con frecuencia. 2. Por desgracia, el consumo de drogas sigue aumentando. 3. El teatro ya está terminado por completo. 4. Dime con exactitud lo que necesitas. 5. Aseguró con firmeza que cumpliría lo prometido.

EJERCICIO A.3

1. unánimemente 2. amablemente 3. despiadadamente 4. desconsideradamente 5. alfabéticamente.

EJERCICIO A.4

1. mucho 2. pronto 3. bien 4. muy 5. enseguida 6. más 7. nunca 8. siempre.

EJERCICIO A.5

1. sigilosa 4. respetuosos 5. gustosos 6. solemnes 8. puntual.

EJERCICIO B.1

Posibles respuestas: **Verdaderas**: El pan llega diariamente. El vino sólo llega los miércoles. Los refrescos nunca llegan el miércoles. Hay leche de sobra. Se vende bastante pan. **Falsas**: La leche sólo viene los lunes. Nunca se vende pan. Hay vino de sobra. El café llega a menudo. La leche no llega diariamente.

EJERCICIO B.2

Respuesta libre.

EJERCICIO B.3

Posibles respuestas: B: Sí, aquí detrás. B: No, sólo allá arriba. B: Cada vez peor. B: No quiero llegar tarde. B: Sí, probablemente va a nevar. B: Sí, nunca he visto uno igual. B: La envié a la oficina por error.

EJERCICIO B.4

Inge aprende rápidamente. Jane progresa satisfactoriamente. Hans conversa fluidamente. Dieter avanza muy lentamente. Vittorio pronuncia incorrectamente. Danielle domina la gramática ampliamente.

UNIDAD 14

EJERCICIO A.1

1. ante 2. contra 3. desde 4. en 5. con 6. según 7. en 8. por 9. sin 10. de.

EJERCICIO A.2

1. y 2. ni 3. sino 4. pero 5. o 6. u 7. sin embargo 8. sino 9. ni ... ni 10. sin embargo.

EJERCICIO A.3

1. Por más/mucho que 2. Así que 3. Como/Dado que/Desde que/Después (de) que 4. Para que/A fin de que 5. A menos que/A no ser que 6. Con tal de que 7. Hasta que 8. Dado que/Puesto que.

EJERCICIO B.1

de; a; de; según; por; por; de; sin; a; por; de; por; de; sin embargo; por; aunque; porque; aunque; por; de.

EJERCICIO B.2

Ilógicas: 1, 2, 3, 5, 6, 8, 9.

EJERCICIO B.3

Posibles respuestas: 1. detrás 2. delantero 3. delante de él 5. no puedo…

EJERCICIO B.4

Respuesta libre.

EJERCICIO B.5

Clemente: carpintero, Logroño, fuerte; Pedro: fontanero, Ávila, mediana; Fernando: bailarín, Córdoba, delgada.

EJERCICIO B.6

1. a) Me quedé en casa. 1. b) Fui a la oficina. 2.a) Le gritaban al árbitro. 2. b) Se pegaban unos a otros. 3. a) Si tenía cambio para billetes de mil. 3. b) Si podía ingresar un cheque en mi cuenta. 4. a) Desde el anfiteatro. 4. b) Entre las filas 10 y 15. 5. a) En una empresa de productos para el baño y belleza. 5. b) Hago de payaso en un circo.

EJERCICIO B.7

1. d) 2. b) 3. a) 4. e) 5. f) 6. c) 7. g).

UNIDAD 15

EJERCICIO A.1

1. sujeto 2. complemento 3. complemento 4. complemento 5. sujeto 6. complemento 7. complemento 8. sujeto 9. atributo 10. complemento circunstancial.

EJERCICIO A.2

1. Deseo tu felicidad. 2. Espero tu mejoría. 3. Me apena tu enfermedad. 4. Tus constantes mentiras van a ocasionarte disgustos. 5. Pablo prometió su asistencia. 6. Te agradecería la información sobre el clima. 7. Comprendo tu deseo de independencia. 8. Vimos un coche aparcado en la acera. 9. Estoy harto de sus constantes insultos. 10. Es aconsejable tu vuelta (regreso) a España el próximo año.

EJERCICIO A.3

1. La que ganó el torneo de tenis se llama Arantxa. 2. Desde aquí no veo al que toca la guitarra. 3. No debes distraer al que conduce el autobús. 4. Le di una propina al que vigila el aparcamiento. 5. Hay que impedir que entren los que roban.

EJERCICIO B.1

Posibles respuestas: El anuncio dice que sólo se permitirá llevar una pieza de equipaje en cabina. El anuncio establece que en clase turista solamente se pueden llevar 20 kilos. El anuncio prohíbe que se transporten sustancias venenosas en la maleta. El anuncio informa que hay que pagar 1.000 pesetas por kilo de exceso de equipaje.

EJERCICIO B.2

Respuesta libre.

EJERCICIO B.3

2. jueguen a la pelota 3. viertan basura 4. usen jabones en las duchas 5. laven platos y análogos en las duchas o en el mar 6. instalen «roulottes» en las inmediaciones de la playa.

EJERCICIO B.4

Posibles respuestas: Mary Luz cree que da libertad para viajar; Salvador, por el contrario, piensa que los coches causan mucha contaminación. Mary Luz asegura que el transporte público no funciona; Salvador, por el contrario, afirma que el transporte público es la solución mejor.

EJERCICIO B.5

Posibles respuestas: Mary Luz no piensa que el coche cause atascos terribles; Salvador no cree que dé libertad para viajar. Mary Luz no cree que el transporte público sea una solución mejor; Salvador no cree que el coche sea un símbolo de la vida moderna.

EJERCICIO B.6

El Día dijo que Construcciones Isla Baja no había pagado nunca sus impuestos. **La Tarde** dijo que Gomis se gastaba sus ganancias en el juego. **El Faro** dijo que sus relaciones familiares eran un desastre. **El País** dijo que Gomis tenía relaciones con la mafia. **Interviú** dijo que nadie lo echaría de menos cuando se muriera. **El Mundo** dijo que Roberto Gomis pagaba comisiones ilegales. **El Caso** dijo que un juez había confiscado importante documentación a Gomis. **La Gaceta** dijo que Gomis se había declarado en quiebra fraudulenta.

EJERCICIO B.7

Acaba de llamar (nombre de tu hermano) desde Torremolinos y me ha preguntado (que) cómo estamos. Él está pasándolo genial en Torremolinos. Me dijo que por las mañanas va a la playa, toma el sol, se baña y juega al voley-playa. Luego, almuerza en el hotel y duerme la siesta. Por la tarde se queda en la piscina del hotel o juega al tenis y, por la noche, va a bailar a las discotecas de moda con los amigos que ha hecho allí. Le pregunté que cuándo pensaba regresar y me dijo que volvería dentro de dos semanas, que cogería el tren de las tres y que llegaría el sábado 25 a las nueve y media de la noche. Le dije que iríamos a recogerlo a la estación.

EJERCICIO B.8

(Nombre de tu hermano) me preguntó cómo estábamos. Me dijo que estaba pasándolo genial en Torremolinos, que por las mañanas iba a la playa, tomaba el sol, se bañaba y jugaba al voley-playa. Me contó que luego almorzaba en el hotel y dormía la siesta y que por la tarde se quedaba en la piscina del hotel o jugaba al tenis. Por la noche iba a bailar a las discotecas de moda con los amigos que ha hecho allí. Le pregunté que cuándo pensaba regresar y me dijo que dentro de dos semanas, que cogería el tren de las tres y que llegaría el sábado 25 a las nueve y media de la noche. Le dije que iríamos a recogerlo a la estación.

EJERCICIO B.9

Posibles respuestas: Mi horóscopo decía que había desaparecido la tensión que yo había sentido la semana pasada y que había una ligera posibilidad de coger la gripe. Mi horóscopo decía que era un buen momento para mejorar mi economía y que invirtiera en bolsa. Finalmente, decía que mi novia estaba celosa y que no le diera (yo) motivos.

EJERCICIO B.10

1. había llegado tarde 2. lo sentía mucho, pero que se había quedado dormida 3. tendría que informar a la directora 4. no había sido culpa suya 5. la habían invitado a una fiesta que se había prolongado mucho 6. eso no era excusa suficiente 7. su despertador tampoco había sonado 8. era la tercera vez que llegaba tarde esa semana 9. no sucedería más.

UNIDAD 16

EJERCICIO A.1

2. Monturiol, que inventó el submarino, era un científico español (explicativa). 3. Cela, que vive en España, escribió este libro (explicativa). 4. La camisa que le regalaré a mi padre costó 3.000 pesetas (especificativa). 5. El bañador que compré en Marbella es para Carmen (especificativa). 6. Claudio es el amigo en quien confío (especificativa). 7. Marta me escribió una carta que nunca recibí (especificativa). 8. El portero y su mujer, que estaban allí, me lo contaron (explicativa). 9. Heredó varias casas que vendió más tarde (especificativa). 10. Mi perro, que es un Schnauzer, come más que yo (explicativa).

EJERCICIO A.2

con quien; que; con la que; que; que; cuyo.

EJERCICIO B.1

Verdaderas: 2, 4. **Falsas:** 1, 5. **De información insuficiente:** 3.

EJERCICIO B.2

Respuesta libre.

EJERCICIO B.3

Posibles respuestas: **Regalo:** es algo que se da a otra persona como muestra de afecto. **Carnicero:** es una persona que tiene o trabaja en una carnicería. **Ordenador:** es una máquina que procesa información. **Calcetines:** son unas prendas de vestir que se llevan en los pies. **Sello:** es algo que se pega en los sobres para pagar el coste de su envío por correo. **Enfermera:** es una mujer que ayuda a los médicos y enfermos en un centro hospitalario. **Gel de baño:** es una crema con la que podemos lavarnos. **Profesor:** es alguien que enseña. **Cocina de gas:** es un aparato con el que preparamos la comida. **Psiquiatra:** es el médico que trata a los enfermos mentales.

EJERCICIO B.4

Respuesta libre.

EJERCICIO B.5

1. Cristal, que está enamorada de Luis Alfredo, no encuentra trabajo. 2. Luis Alfredo, que es un rico empresario, va a dar una fiesta. 3. Luis Alfredo, que es amigo de Adán, no lo ha invitado a la fiesta. 4. Adán, que ama secretamente a Zoraida, desea verla. 5. Zoraida, que no podrá asistir a la fiesta, es hermana de Luis Alfredo. 6. Zoraida, que es muy impetuosa, ha tenido un accidente de coche. 7. Adán, que es primo de Cristal, la invita a la fiesta.

EJERCICIO B.6

Respuesta libre.

UNIDAD 17

EJERCICIO A.1

1. tiempo 2. lugar 3. modo 4. tiempo 5. causa 6. finalidad 7. obstáculo 8. tiempo 9. lugar 10. modo.

EJERCICIO A.2

Respuesta libre.

EJERCICIO A.3

1. donde 2. siempre que 3. cuando 4. mientras 5. así que 6. hasta que 7. tanto 8. para que 9. pues 10. si.

EJERCICIO B.1

Posibles respuestas: Mientras que los autobuses cuestan 5.000 pesetas, los aviones cuestan 25.000. Si cojo el tren de las nueve llegaré a Barcelona a la una y diez. Cogeré el autobús porque es más barato. A pesar de que es más caro, cogeré el vuelo de Iberia de las diez. Etc.

EJERCICIO B.2

1. Mientras que, 10.000 pesetas, 20.000 2. Como, Playa Sol 3. Aunque, Tigaiga 4. Marquesa, porque 5. Aunque, Playa Sol 6. Como, Valle Mar 7. Si, Playa Sol, 18. 8. Valle Mar, porque 9. Puesto que, Tigaiga 10. Cuando, Marquesa.

EJERCICIO B.3

Respuesta libre.

EJERCICIO B.4

Posibles respuestas: 1. Como el avión se retrasó por cuestiones técnicas, salió una hora más tarde. 2. Cuando los pasajeros vieron humo, se alarmaron mucho. 3. El avión acababa de salir de Mallorca, así que el piloto decidió regresar. 4. Cuando el control aéreo del aeropuerto avisó a los bomberos, éstos se preparaban para combatir un incendio. Etc.

EJERCICIO B.5

1. después de que venciera 2. hasta que invadieron 3. Después de que partió 4. Cuando entró 5. porque creyó 6. para que 7. cuando dirigían.

EJERCICIO B.6

1. Antes de que (vayan) 2. Si (falta/faltase) 3. mientras (está) 4. hasta que (haya salido) 5. Aunque (han/hayan disminuido).

EJERCICIO B.7

Rosario; los deportes; si; puesto que; Antonio; la montaña; mar; Enrique; le gusta ver los deportes en la televisión y porque le gusta pasar sus vacaciones en la montaña.